20인의 현대철학자
—마르크스에서 데리다로—

20인의 현대철학자
—마르크스에서 데리다로—

가토 히사다케 지음
표재명·황종환 옮김

이 책은 가토 히사다케[加藤尙武]의 《20世紀の思想》
(東京: PHP硏究所, 1997)을 완역한 것이다.

20인의 현대철학자
— 마르크스에서 데리다로 —

가토 히사다케 지음
표재명 · 황종환 옮김

펴낸이—김신혁
펴낸곳—서광사
출판등록일—1977. 6. 30.
출판등록번호—제 5-34호

(130-820) 서울시 동대문구 용두 2동 119-46
대표전화 · 924-6161 팩시밀리 · 922-4993 전자우편 · phil6161@chol.com
http://www.seokwangsa.co.kr

제1판 제1쇄 펴낸날 · 2003년 6월 10일
제1판 제2쇄 펴낸날 · 2004년 2월 20일

ISBN 89-306-1212-1   93150

책머리에

이 책은 20세기의 철학 사상을 특정한 입장이나 영역에 치우치지 않고 될 수 있는 대로 쉽게 훑어보기 위한 것이다. 지금까지 철학 책을 한 번도 읽어본 일이 없는 독자를 염두에 두고, 아무 사전 설명 없이 갑자기 전문 용어가 튀어나오는 일이 없도록 애를 썼다. 조금이라도 어렵다고 생각되는 인용문은 쉽게 고쳐 쓰고, 설명을 달았다. 영미에서 논리실증주의가 프래그머티즘으로 기울어져 가는 흐름, 독일과 프랑스에서 현상학과 실존주의가 해석학과 구조주의로 변해 가는 흐름, 일본에서는 근대를 넘어서려는 입장과 근대주의가 공통으로 가지고 있는 전제, 마르크스주의가 쇠퇴해 가면서 롤즈의 정의론이나 하버마스의 커뮤니케이션 이론에 자리를 물려주는 움직임을 그렸다. 밀과 마르크스와 니체는 19세기의 사람이지만, 이들을 빼고 20세기를 이야기할 수 없어서 기술했다.

차례

머리말: 사상의 20세기

20세기 철학의 특징

20세기의 사상은 그 전까지의 시대와 다르다. 사상이라고 불리는 것이 철학에 그치지 않고 자연과학이나 사회학, 나아가 문화인류학에까지 미치고 있다. 자연과학의 아인슈타인, 사회학의 막스 베버, 문화인류학의 레비-스트로스를 생각해보면, 철학이 사상을 독차지하는 시대가 끝났음을 알 수 있을 것이다.

지금 철학을 연구하는 사람은 자연과학의 대강의 요점을 파악해 둘 필요가 있으며, 자연과학을 배우고 있는 연구자도 어느 정도 인문과학을 살펴보지 않으면 안 된다. 그러나 이것은 전문화가 진전되고 있는 오늘날, 실제 문제로서는 그렇게 쉬운 일이 아니다. 인간의 지식을 전체로서 내다볼 수 있게 하는 것이 철학의 구실이지만, 좀처럼 이 구실을 감당하기가 어렵게 되어 있다.

더 나아가, 동양 사상과 서양 사상이 어떤 관계에 있으며, 더 높은 관점에서 보면 무슨 말을 할 수 있느냐고 하는 문제가 있다. 그러나 이 점에 대해 20세기의 사상은 충분한 준비를 하고 있다고 말할 수 없다. 20세기의 사상은 압도적으로 구미가 중심이 되

어 움직이고 있다. 글로벌한 관점에서 세계의 모든 사상을 되짚어
본다는 작업은 21세기를 기다리지 않으면 안 된다.

자연과학, 사회과학, 인문과학이라고 하는 학문의 분야별 특성,
동양 사상과 서양 사상이라고 하는 사상의 지역적인 특성, 이들
특성에 걸치는 앎의 총체적인 모습이 필요함에도 불구하고, 아직
그 필요는 채워지지 않고 있다. 곧, 모든 지식이 저마다 전문가의
손에 맡겨져 있는 것이다.

이것은 20세기의 철학자가 러셀, 사르트르와 같은 사람을 제외
하면, 모두 대학교수라는 점과 무관하지 않다. 19세기의 대표적인
사상가 벤담, 꽁트, 스펜서, 밀, 쇼펜하우어, 포이에르바하, 마르크
스, 키에르케고어, 니체가 대학에 자리를 갖지 않았던 것과 비교
해보면 대번에 알 수 있다. 대학에서는 좁은 전문 분야 내의 연구
가 허용된다. 그러나 그 결과는 철학에 이바지했다고만 말할 수
없다. 과학철학의 전문가는 실존주의 철학을 모르고, 현상학의 입
장에 서 있는 사람은 해석학이 자기의 입장을 허물고 있다는 것
을 전혀 이해하지 못한다. 이렇게 서로 이해하지 못하는 상황이
철학자들 사이에 퍼지고 있다.

이와 같은 상황을 타개하기 위해 이 책은, 정신분석학(프로이
트), 과학철학(러셀, 비트겐슈타인, 쿤, 콰인), 실존주의(하이데거,
사르트르, 레비나스), 현상학(후설), 해석학(데리다, 가다머), 구조
주의(레비-스트로스, 푸코), 정의론(롤즈), 커뮤니케이션 이론(하
버마스), 일본 사상(니시다, 마루야마)을 다루고 있다.

20세기 사상은 어떻게 자리매김될 수 있을까? 그것을 생각하려
면, 우선 서양의 18세기 사상부터 살펴 나가는 것이 좋을 것이다.

18세기에서의 이성의 자리

18세기에서의 이성을 생각하는데 가장 중요한 존재는 I. 뉴턴 (1643~1727)이다. 그의 역학은 자연 전체가 기하학의 구조와 똑같은 방식으로 해명될 수 있다는 선언과 같은 것이었다. 이를테면, 태양과 지구의 위치 관계의 메카니즘은 지상의 물체와 같은 것으로 설명되고, 어느 시점에 어느 곳에 있느냐고 하는 것은 수학적으로 예언이 가능하다.

이와 같은 수학적 이성은 어떤 의미로는 두려운 것이기도 했다. 왜냐하면, 만약 수학적으로 모든 것이 설명될 수 있다면, 도대체 인간의 자유는 어디에 성립하느냐고 하는 의문이 생기기 때문이다.

이 의문에 대답한 것이 임마누엘 칸트(1724~1804)의 철학이다. 칸트는 인간의 자유의 영역과 뉴턴 역학의 영역을 구분할 수 있다고 주장했다. 18세기란 인간의 이성과 그렇지 않은 것의 영역을 구분한 시대였다고 말할 수 있다.

몽테스퀴에의 《법의 정신》(1748)은 3권 분립을 주장한 것으로 유명하지만, 이것은 국왕과 귀족과 시민이 국가권력을 나누어 행사하는 방법이기도 했다. "권력을 남용하지 못하게 하려면, 권력이 권력을 억제하도록 하지 않으면 안 된다.…동일한 인간이나 단체에 입법권과 집행권이 결합될 때에는 자유는 전혀 존재하지 않는다. 동일한 군주 또는 원로원이 폭력적인 법률을 만들고, 폭군적으로 그것을 집행할 우려가 있기 때문이다. 재판권이 입법권이나 집행권과 분리되어 있지 않으면, 자유는 역시 존재하지 않는다"(《법의 정신》 11편).

몽테스퀴에 직후에 프랑스에서는 백과전서파가 등장했다. 그들은 《백과전서》에 모든 지식을 집약하려고 했다. 그 때까지도 도서관에 온갖 책을 모으려고 한 시도는 있었지만, 《백과전서》를 편찬해서 사람마다 갖는다고 하는 발상은 매우 야심적이었다. 이 백과전서파의 생각에는, 단지 《백과전서》에 지식을 채워 넣는다는 데 그치는 것이 아니라, 인간의 지성은 모든 지식을 《집약》할 수 있다고 하는 이성중심의 사상이 있었던 것이다.

그러나 당시는 아직 종교가 압도적인 힘을 가지고 있었다. 이성을 강조하는 데도 이성이 만능이라고 하기보다, 인간의 이성에도 합당한 자리를 주어야 한다는 주장에 머물러 있었다.

이를테면, 영국의 에드먼드 버크(Edmund Burke, 1729~1797)는 "인간은 가장 어리석은 존재인 동시에 가장 슬기로운 존재이기도 하다. 개인은 어리석다. 대중은 생각 없이 행동할 때는 어리석다. 그러나 종(種)은 슬기로우며, 시간이 주어진다면 그것은 종으로서 바르게 행동한다"(《서양정치사상사 I》)고 말하고 있다. 개인은 어리석은 짓을 해도, 인간 전체로서는 선이 된다.

이것은 거의 동시대의 아담 스미드(1723~1790)에게서도 볼 수 있는 생각이다. 스미드는, 인간은 자기의 이익을 추구하는 에고이즘적인 행동을 하고 있는 것 같지만, 그것이 전체로서 종합되면, '보이지 않는 하느님의 손'이 작용하여 조화로운 경제활동이 이루어진다고 생각했다.

뉴턴 역학의 세계에서는, 부분에서 성립되는 법칙으로부터 전체 법칙을 만들 수 있다. 기체 분자의 역학적 법칙으로부터 전체로서 기체의 법칙(보일-샤를의 법칙)을 만들 수 있다. 그런데 개체의 우연한 행동이 전체로서의 규칙성을 만들 때에는, 개체와 전체는 그 관계가 거꾸로 된다. 곧 개체에서는 우연적, 전체에서는 필연적인 관계가 된다. 이 두 가지 형태의 이성이 18세기에는 그 상호관계가 알려지지 않은 채 공존하고 있었다.

19세기 이성의 자기주장

19세기가 되면, 이성은 조심스럽게 자기의 자리를 요구할 뿐 아니라, 더욱 담대하게 자기주장을 하게 된다. 이성이라는 배에 우주의 모든 진리를 실을 수 있다는 것이다.

독일의 K. L. 라인홀트(Karl Leonhard Reinhold, 1758~1823)는 이성을 전면으로 내세우고 종교마저 이성의 체계 안에 집어넣었다. 그는 모든 것을 이성으로써 설명하는 체계를 만들려면, 인간의 의식을 원리로 하면 된다고 말하고 있다.

인간의 의식을 중심으로 한다는 것은 데카르트(1596~1650)가 창시한 사상이 아니냐고 하는 이도 많을 것이다. 그러나 데카르트에게 이 사상의 시조 자리가 주어진 것은, 라인홀트의 영향을 받은 J. G. 피히테(Johann Gottlieb Fichte, 1762~1814)가 철학체계를 만들 때, 그 때까지는 물리학자·광학자로 생각되었던 데카르트를 철학자로 다시 보는 작업을 한 다음부터이다. 19세기 초에 "근대는 인간의 의식을 중심으로 한 시대였다"고 생각되기 시작했을 때, 비로소 데카르트는 근대철학의 시조로 자리매김이 된 것이다.

더욱이 이 작업에는 앞선 이야기가 있다. 의식을 원리로 하여 모든 것을 이끌어낸다고 하는 구상은 실은 유클리트 기하학에서 이미 완성되어 있었던, 공리(公理)에 바탕을 둔 필연적인 전개라는 구상에서, 공리 자리에 의식을 대입한 것이었다.

유클리트 기하학은 점이나 선을 상정하고, 거기에서 간단한 정리(定理)를 만들어 논리적으로 진리를 이끌어 낸다. 이것과 똑같은 방법으로 뉴턴은 자연의 진리를 이끌어 내려고 했다. 그리고 이 번에는 이 방법으로 자연과 정신 모두를 싸잡을 수 있을 것이라고 하는 것이다. 그것이 19세기 초반의 사상이었다.

여기서 큰 변화가 일어났다. 인간의 지식이 점점 발달하고, 그 결과, 이성화되어 가는 것이 아니냐고 생각하게 되었다. 곧, 이성화에 의한 진보라는 사상이 생긴 것이다.

지금까지는 이성이라고 하는 영원한 그릇이 있고, 그 안에 시간에 따라 진보하는 지식도 담긴다고 생각되었다. 그런데 그 그릇 자체가 시간에 따라 변한다는 주장이 나왔다. 이것은 헤겔(Georg Wilhelm Friedrich Hegel, 1770~1831) 이후의 진보주의적인 사상에 따른 해석이다. 더욱이, 이성이라는 그릇에는 반(反)이성적인 의식도 담긴다. 그리고 이성적 행위와 반이성적 행위 사이의 선택을 하는 것도 이성의 일이 되었다. 곧, 이성에는 자유가 있는 것으로 되었다.

진보주의적인 사상가의 대표는 K. 마르크스(1818~1883)이다. 그가 존경했던 사람은 C. 다윈(1809~1882)으로, 그가 《자본론》을 다윈에게 바치려고 했다가 거절당했다는 유명한 에피소드가 있다. 마르크스는 생산력이 발달해서 세상이 풍족해지면, 인간의 지혜가 개발될 것이며, 따라서 지성도 발달할 것이라고 생각했다.

다윈은 생물의 종(種)은 시간 안에서 변화하고 있다고 주장했다. 이것은 유럽문화사에서 획기적인 것이었다. 그 때까지 종이란 영원한 것이고, 인간은 인간을 낳고, 원숭이는 원숭이를 낳는다.

이것은 아리스토텔레스 이래 의심할 수 없는 진실로 되어 있었다. 그러나 다윈은 이 종이 시간에 따라 변화한다고 말한 것이다.

앞서 든 E. 버크의 말, "개인은 어리석다. 대중은 생각 없이 행할 때는 어리석다. 그러나 종은 슬기로우며, 시간이 주어진다면, 그것은 종으로서 바르게 행동한다"는 말의 진의는, '그 슬기로움은 전통이다'라는 답을 품고 있었는지도 모르지만, "시간이 주어진다면, 그것은 종으로서 바르게 행동한다"는 말은 전통을 파괴하고서라도 진보를 밀고 나가는 편이 낫다는 해석의 여지를 남겨 놓고 있었다.

단지 인간의 지성이 진보하거나 생물의 종이 진화하는 데 머물지 않고, 정치체제나 문화도 진보한다고 하는 생각이 일어났다. 아울러 자유가 인간의 근원적인 모습이라고 인정되었다. 이런 의미에서 19세기 중엽은 하나의 커다란 사상적 전환점인 것이다.

이성과 진보에 대한 회의

19세기는 이성이라고 하는 배에 무엇이든지 싣고자 한 시대였다. 이성이라는 배는 명백히 너무 많은 짐을 싣고 있었다.

그렇다면 종교는 어떻게 될 것인가. 그리고 이성의 틀에 들어맞지 않는 것은 어디로 갈 것인가?

이 시대에서도 신앙 곧, 그리스도교를 유지하려고 하는 사람들 중에는 이성의 한계를 보고 단념해 버린 이들이 있었다. 그들은 19세기의 이성의 배를 타면 신앙을 잃게 된다고 생각했다. 이것은 말하자면, 출항 신호가 울리고 있을 때, 승무원의 일부가 갑자기 하선해 버리는 것과 같은 현상이었다.

F. 슐라이에르마허(Friedrich E. D. Schleiermacher, 1768~1834)
는, 이성이 아니라 감정이 종교성의 바탕을 이루는 것이라고 주장
했다. 그것은 일찍이 칸트의 사상에 대하여 이의를 내세웠던 F. H.
야코비(Friedrich Heinrich Jacobi, 1743~1819)가 주장한바, 감정이
야말로 참된 종교의 본질이라고 하는 사상의 부활이라고 할 수도
있었다.

또한 A. 쇼펜하우어(Arthur Schopenhauer, 1788~1860)는, 그리스
도교가 아니라 차라리 인도의 종교가 장차 세계 문화의 중심이
될 것이라고 예언했다.

더 나아가 S. 키에르케고어(Sören A. Kierkegaard, 1813~1855)
는, 이성에 흡수되고 마는 인간이 인간의 전부는 아니라고 생각했
다. 인간이란 "불합리하므로 믿는다"(터툴리아누스)는 말처럼, 합
리화되는 것을 단호하게 거절하는 성질을 가지고 있다는 것이다.

그러나 이성적인 것이 도덕적이라고 인정되는 시대에, 비이성
적인 것이야말로 그리스도교적이라고 주장한 키에르케고어는 박
해를 받았으며, 고국 덴마크 교회에 그의 동상이 선 것은 최근의
일이다. 키에르케고어의 사상은 20세기에 와서 실존주의 사상과
맺어진다.

이성 시대의 국가

여러 가지 회의나 반역이 있었으나, 19세기 사상의 주류가 이성
이었다는 데 틀림은 없다. 그러나 국가란 것을 생각할 때, 이 이성
은 관철될 수 있을 것인가?

앞의 18세기 사상에서 언급한 E. 버크는, 국가란 것은 비합리적

인 것이지만, 그런 줄 알고 지켜야 한다고 말했다. 17세기에 유럽 여러 나라가 카톨릭교회의 초국가적 기구로부터 이탈해 갈 때, 그것을 뒷받침 해주는 국가의식이 생겨나 있었다. 그것은 이성으로 명쾌하게 풀이될 수 있는 것만은 아니었다. 따라서 18세기에 국가를 이성화할 수 있다고 생각했을 때에도, 거기에는 어딘지 모르게 그늘이 졌다. '국가이성'이라는 말에도 국가 에고이즘의 여운이 있었다. 국가는 이성이라고 하기에는 지나치게 힘을 배경으로 해서 지탱되고 있었던 것이다.

헤겔은 이러한 시대에 국가를 지상에서의 이성의 완성이라고 말하고, 국가이성의 사상을 확립했다. 그러나 그 때에도, 국가는 이성이라는 법정에서 심판을 받게 되어 있었다. 그처럼 국가를 이성으로 보는 경우에도, 국가 이상의 원리는 없기 때문에 나라마다 자기의 판단으로 결정할 수밖에 없다는 생각에 이르게 된다. 이것이 국가 주권이라는 생각이다. 국가는 최고의 것으로서, 그것을 규정하는 더 높은 기관은 없다는 주장이다. 국가의 에고이즘을 규제하는 요인이 없다. 국가는 자립권을 확립하면, 다른 나라를 식민지로 삼든, 약탈을 위한 전쟁을 하든, 그것은 국가 고유의 권리이다. 이 같은 생각이 20세기까지 이어졌다.

국가야말로 실체, 개인은 부속물이라고 하는 생각은 국가 유기체설적 전체주의와 맺어지고, 개인이야말로 실체, 국가는 명목상의 집합이라는 생각은 개인주의적 자유주의와 맺어진다.

그렇다면, 국가란 도대체 어떤 일을 하는가? 이를테면, J. 벤담(Jeremy Bentham, 1748~1832)은 '최대 다수의 최대 행복'이라고 말해, 국가는 국민의 복지를 도모하는 것이라고 생각했다. 여기에는 권위로써 국민을 지배한다고 하는 생각과는 다른, 복지국가 사상이 싹트고 있다.

한편, 프랑스의 오귀스트 꽁트(Auguste Comte, 1798~1857)는 실증주의를 주장했다. 지식은 신학적 단계, 형이상학적 단계를 거쳐 실증적 단계에 이른다고 하는 설을 내세운 꽁트는, 정치도 또한 합리화할 수 있다고 생각했다. 꽁트는 여성문제로 고심을 거듭한 나머지, 후에 자기를 교조로 하는 '인류교'를 제창하게 되지만, 그의 '철학으로부터 과학으로'라는 실증주의의 생각은, 그의 '인류교'라는 생각과는 따로, 독자적인 큰 영향력을 갖게 된다.

19세기 후반에는, 생물학이나 의학의 발전으로 인간의 신체를 생물학적으로 탐구하려는 움직임이 나타났다. 이를테면 끌로드 베르나르(Claude Bernard, 1813~1878)는 《실험의학서설》을 써서 실험적인 인체탐구를 제창하고, 그 때까지의 혼이나 생기설은 소용이 없다며 공격했다. 이 경향은 20세기가 되면 더욱 성해진다.

19세기의 사상은 여러 가지 방향으로 발전했다. 종교를 벗어나 세속화하는 방향, 민주주의를 확립하는 방향, 시장경제를 확립하는 방향 등이 있었지만, 19세기의 사상가들에게는 그것을 아울러서 주장한 사람이 없었다. 20세기가 되어서도 그 분업과 분열은 계속되었는데, 이윽고 후반에 와서 차차 종합적인 관점을 의식하게 되었다.

20세기는 꿈이 악몽이 된 시대

20세기는 크게 나누면 전반이 전쟁의 시대, 후반이 과학의 시대라고 할 수 있을 것이다. 제1차세계대전과 제2차세계대전으로 얼룩진 전반이 있고, 그 후 스프트닉이랑 핵 개발, 컴퓨터로 상징되는 과학기술이 꽃피었다. 그러나 19세기에는 아름다운 꿈이었던 것이 20세기에는 악몽의 현실이 된 면도 있다.

인류가 계속 진보해 나가면, 지식의 진보는 물론 생산력이 높아져 생활수준이 향상될 것이라고 생각되었다. 그러나 1972년 로마 '클럽보고'는 자원이나 환경에는 한계가 있으며, 그것은 인류의 생산활동의 한계이기도 하다는 사실을 알렸다. 19세기의 사상이 한계를 모르는 '무한한 진보'를 믿고 있었다면, 20세기의 사상은 이 세계의 유한성에 대한 경고를 내 밀고 있다고 말할 수 있다.

시장경제를 폐기하고, 자본주의에 의한 민주주의보다 더 강한 민주주의를 확립하여 종교성이 없는 합리적인 문화를 만들려고 했던 사회주의는, 거의 완벽하게 붕괴되는 사태를 맞았다. 이것은 일반적으로 생각되고 있는 것 이상의 큰 의미를 가지고 있다. 지금으로서는 시장주의·민주주의·탈종교라는 생각에 대해서는 대안이 없다. 아무리 발버둥쳐도 인간은 이 가운데서 살아갈 수밖에 없다는 말이 된다. 선택이 없다는 문제는 아마도 21세기의 큰 테마가 될 것이다.

자유만이 진보를 가져온다는 사상도, 대중사회의 진전에 의하여 그 부정적인 측면이 드러났다. 현대사회에서는 호세 오르테가 이 가세트(José Ortega y Gasset, 1883~1955)가 지적한 대로, 자유화를 진전시키면 한없이 저속화가 진행된다. 19세기에 믿어졌던 것과는 달리, 자유의 진전은 인간의 덕을 향상시키지 않는다. 20세기에는 자유가 인간을 진보시키는 수단이 아니라 '자유를 위한 자유'라는 독립된 가치였음이 밝혀졌다.

19세기에 예측된 탈종교의 움직임도 실은 잘못된 것임을 알게 되었다. 종교는 내몰리면 그만큼 과격해진다. 종교는 과학이나 이성에 의하여 대체될 수 있는 것이 아니며, 과학의 시대에는 더욱 강화된다는 것이 세계 도처에서 증명되었다. 20세기가 되면 하느님은 없어진다는 이미지는 틀린 것이다.

그러나 20세기에서 가장 비극적이었던 것은 국가 간의 전쟁이었다. 국가와 국가 간에는 그보다 더 높은 권위가 없다. 근대의 국민국가 자결주의는 극히 위험하다는 것을 드러냈다. 나치즘이 태어나고, 원자폭탄이 투하되었다. 사회주의 국가에서 행해진 숙청이나 탄압을 포함해 20세기는 인류의 역사가 시작된 이래 가장 잔혹한 세기가 되었다.

이러한 악몽과 같은 현실은 물론 사상에 큰 영향을 끼치지 않을 수 없다. 그러나 이들 문제에 대한 마지막 답은 아직 제출되지 않았다.

제1장

진보와 혁명에 대한 기대

밀: 가장 현대적인 이성인
마르크스: 영원한 비판자

밀: 가장 현대적인 이성인

우리나라(일본)에서 출판된 서양근대철학사에는 대개의 경우 J. S. 밀(John Stuart Mill, 1806~1873)의 이름이 없다. 비록 있다 해도 그는 약간 철학적인 것에 손을 댄 경제학자로 되어 있다. 그래서 경제학사를 펼쳐보면, 그는 경제학에도 관심을 가졌던 철학자 또는 정치학자로 적혀 있다. 다시 정치학사를 펼쳐보면, 밀은 정치를 논하기도 한 철학자 또는 경제학자로 되어 있다.

밀은 '△△학자'라고 하기가 어려운 사람으로, 말하자면 어느 분야에서도 소외된 존재이지만, 현대의 사상적인 논쟁에서 좌우를 가릴 경우, 누구의 사상이 기준이 되어 있는가를 따져 들어가면, 밀에 부딪친다. 그가 남겨 놓은 판단의 틀은 영미의 법률, 정치, 경제 속에 침전되어 있다.

밀은 제임스 밀의 아들로 태어났다. 부친 제임스는 공리주의의 창시자 J. 벤담과 친교가 있었던 유명한 학자이며, 밀이 어렸을 때부터 그에게 철저한 천재교육을 베풀었다. 이를테면, 밀이 아직 네 살 때부터 그리스어와 라틴어를 가르치고, 자식을 어떤 교육기관에도 보내지 않았다. 스무 살 때, 밀은 원인을 알 수 없는 노이로제에 걸리는데, 이러한 천재교육이 재앙을 불러왔다는 말이 있다.

그의 부친 제임스가 베푼 천재교육이란, 거의가 그리스·로마의 역사를 배우게 하는 것이었다고 한다. 그래서 밀의 문장을 읽는 이는 거기서 그리스도교의 영향을 받지 않은, 지극히 로마적인 성격을 갖는 실제적 판단의 틀을 보게 된다.

공리주의 검토

부친 제임스와 밀에게 큰 영향을 끼친 벤담의 공리주의는 한마디로 말해서 '최대 다수의 최대 행복'이다. 벤담의 유명한 문장을 인용해 보자.

"자연은 인류를 고통과 쾌락이라고 하는 두 주권자 아래 두어 왔다. 우리가 무엇을 해야 하는지를 지시하고, 또 우리가 무엇을 할 것인지를 결정하는 것은 오직 고통과 쾌락뿐이다.…공리성의 원리는 그와 같은 종속을 승인하고, 그와 같은 종속을 그 사상 체계의 기초라고 생각하는 것이다. 그리고, 그 사상체계의 목적은 이성과 법률의 수단에 의하여, 행복의 구조를 만들어내는 것이다"(《도덕과 입법의 제 원리 서설》).

곧 쾌락을 최대로 하고 고통을 최소로 하는 것이 공리성이라고 한다. 그러나 현대인에게는 당연한 이 생각도 벤담이 활약하던 19세기 초반에는 비난받아야 할 만큼 지나치게 대담한 사상이었다. 오히려 당시의 상식은 고통을 참고 쾌락을 멀리하는 것이 미덕으로 여겨지고 있었다.

밀도 이 벤담의 공리주의를 계승했다. 그러나 "인간의 쾌락을

최대로 하고 고통을 최소로 한다"는 기준을 중심에 두면, 이성은
쫓겨나는 것이 아닐까 하는 걱정이 생기는 것은 당연하다. 밀은
이 점에 대하여 유명한 '돼지와 소크라테스'의 비유를 가지고 논
했다.

"양쪽을 똑같이 잘 알고, 똑같이 평가하고 누릴 수 있는 사람들
은 그들의 높은 능력을 행사하는 생존방식 쪽에 아주 분명한 우
위를 준다. 거의 모든 인간은 동물적 쾌락을 완전히 누리게 해주
겠다는 약속과 맞바꾸어, 인간보다 낮은 어떤 동물이 되는데 동의
하지 않을 것이다. 지성이 있는 인간 존재는 그 누구도 바보가 되
는데 동의하지 않는다. 교육받은 사람은 누구도 이기적이며 열등
하게 되는데 동의하지 않을 것이다. 만족한 돼지이기보다 만족하
지 않은 인간인 것이 좋다. 만족한 바보이기보다 만족하지 않은
소크라테스인 것이 좋다"(《공리주의론》).

중요한 것은, 양쪽을 경험한 사람의 자유로운 선택은, 대체로
이성적인 쪽으로 향한다는 것이다. 단적으로 말하자면, 자유로부
터 이성이 생긴다. 이 비유 속에는 현대사회를 이루는 커다란 요
인 몇 가지가 포함되어 있다. 이를테면, 여기에는 자유주의 시장
경제의 방식을 통해 사람들이 저마다 자기의 최선이라고 생각하
는 방향을 택한다면, 전체로서는 돼지 쪽으로 향하지 않고, 소크
라테스의 방향으로 나간다는 예상이 바탕에 있는 것이다.

18세기의 계몽주의 시대에는, 교육을 높여 가면 인간은 고상하
게 된다는 사상이 있었다. 밀은 이 계몽주의의 사상과 19세기적인
자유선택에 의한 인간의 향상이라는 생각을 '돼지와 소크라테스'
의 비유 속에서 결합한 것이다.

그러나 이 밀의 기대와는 반대의 것이 대중사회 속에서 실현되

었다. 현재 대중에 의한 자유로운 선택은 고상한 문화를 가져오기 는커녕, 포르노그라피 같은 결코 고상하다고 할 수 없는 문화를 만연시키고 있다. 그러나 그렇다고 해서 자유로운 선택을 그만 두고, 만사 누군가의 명령에 따라 살아가는 것이 좋다고 할 수는 없다. 자유선택의 원리를 어디서, 어떻게 사용할 것인가는 아직도 해결하기 어려운 우리의 과제이다.

소 수 자 의 이 익 보 호

밀은 정치에 대한 저작을 남기고 있지만, 스스로도 실제로 국회 의원이 되어 정치가로서 활약했다. 그러나 의원으로서는 지나치게 이상주의적이었기 때문에 그랬는지, 한 번은 당선되었으나 두 번째부터는 낙선의 쓴잔을 마셨다.

그는 정치이론인 《대의정치론》(代議政治論)에서, 지금 우리가 생각해 보아야 할 몇 가지 문제점을 지적하고 있다.

"다수자가 백인이고, 소수자가 흑인인 경우, 또는 그 반대인 경우에, 다수자는 소수자에게 평등한 공정을 인정할지? 다수자가 가톨릭이고 소수자가 프로테스탄트인 경우, 또는 그와 반대인 경우에 똑같은 위험이 없을까?

모든 나라에, 가난한 다수자와 이들과 구별되어 부자라고 불리는 소수자가 있다. 이 두 계급 사이에는 많은 문제에서 표면상의 이익의 완전한 대립이 있다. 다수자가 충분히 현명하여, 재산권의 보장을 약화시키는 것이 자기들의 이익이 안 된다는 것, 또 재산권의 보장은 자의적인 약탈행위에 의하여 약화된다는 것을 알고 있다고 상상해 보자. 그러나 다수자가, 이른바 현금화된 재산의 소유자와 고액 소득자에게 과세를 불공평하게 배분하거나, 모든 과세를 부담시키고, 그 잉여분을 노동자 계급의 이익과 편의에 이바지한다고 생각되는 방법으로 사용할 위험이 꽤 있지 않을까?"

단지 선거제도를 확립하는 것으로 민주정치가 이루어지는 것은 아니다. 거기에는 다수자가 소수자를 억압할 가능성이 있다. 어떤 나라에서 90%의 사람이 그리스도교도이고, 10%의 사람이 이슬람교도라면, 이 나라에 선거제도가 확립되어 있다고 하더라도, 평등한 통치가 이루어진다고 단언할 수는 없을 것이다. 만약, 그리스도교도가 "이슬람교도를 멸절시키고 그 재산을 몰수한다"는 법률을 다수결로 가결한다면, 진정한 의미에서 합법적이라고 말할 수 있을까?

밀이 이러한 다수결과 평등이 일치하지 않게 되는 위험성을 말하고 있다는 것은 확실하다. 다만, 이 문장만으로는, "모든 사람이 평등한 투표권을 갖는다면, 그럴 염려가 없다"고 보는 것인지, "모든 사람이 평등한 선거권을 가지고 있어도, 다수자는 소수자를 억압할 가능성이 있다"고 하는 것인지 분명하지 않다.

그러나 일본의 정치를 보면 알 수 있듯이 '자기들은 피해자'라고 하는 소수파 야당은 "자기들은 다수의 이익을 대변하고 있다"고 주장한다. 소수자의 이익을 대변한다고 주장하는 정당은 없다.

민주정치에서는 다수자가 소수자를 억압할 가능성이 있다. 그 일에도 충분한 경계의 눈을 보내지 않으면 안 된다. 밀은 이와 같은 다수결의 원리에 깃들어 있는 모순에 대해서도 논하고 있다. 적어도 '다수자의 독재'라는 위험성은 지적하고 있다.

타자위해(他者危害)의 원칙

민주주의 사회에서는 다수자의 지지로 법률을 제정한다. 비록 51%의 지지일지라도 다수파라면, 그 의견은 성원 전체에 미치는 정책이 된다. 49%의 반대자는 그 정책이 아무리 턱없는 것일지라도 따르지 않을 수 없다.

이 같은 '다수자의 폭주'를 어떻게 하면 막을 수 있을 것인가? 밀이 생각한 것은 '타자위해의 원칙'(harm to others principle)이라는 것이었다. 정확하게는 '타자위해 방지의 원칙'이라고 해야 하지만, 간결하게 요약하면 다음과 같다.

"정부나 공공기관은 개인의 생활에 대해, 형벌 등을 통해 간섭할 때에는 그 개인의 행위가 타자에 대한 위해를 포함하는 경우로 한정되어야 한다."

재산을 몰수한다거나 소수민족을 멸절시키는 법률을 만들면 안되는 것이다. 법이라는 강제수단을 사용하는 이상, 그 강제라고 하는 불이익보다 더 큰 이익을 기대할 수 있어야 한다. 또한 위해를 미연에 방지하는 일 이외의 목적으로 공공기관을 움직이면 안된다.

이 원칙은 매우 중요한 '자유주의의 원칙'이지만, 동시에 예외도 인정하지 않으면 안되는 미묘한 원칙이다.

이를테면, 타자에 대한 위해가 아닌 것은 범죄로 단속할 수 없다고 하자. 그 경우, 마약은 어떻게 할 것인가? 오토바이 승용자의 헬멧 착용은 어떻게 되나? 그리고 도박이나 포르노그라피는 어떤가? 더욱이 매춘은 어떻게 할 것인가?

여기 든 예는 확실히 '타자에 대한 위해'는 아니다. 그 때문에 매춘이나 포르노그라피는 선진국에서는 점차 단속의 대상에서 밀려나고 있다. 이것은 결코 권장할 일은 못되지만, 타자에 위해가 되지 않는다면 공공기관이 범죄로 다루지 말아야 한다는 '타자위해의 원칙'의 방향으로 나간 것이라고 할 수 있다.

그러면, 마약은 어떨까? 밀은 《자유론》에서, 마약에 대해서는 정부가 교육하거나 설득해야 하며, 판매 자체를 금지하면 안 된다고 단언하고 있다. 그것은 그 나름대로 훌륭한 자유론일지도 모른다. 그러나, 만일 마약 판매로 국내에 에이즈가 만연할 위험이 있다면 어떨까?

또 오토바이 승용자의 헬멧 착용의 경우에도, 착용하지 않고 오토바이를 달리는 것이 단지 '모양 좋다'는 사소한 이유라면, 그 때문에 일어나는 사고의 크기를 고려하여 착용을 의무화하는 것이 좋다.

이렇게 자유주의의 원칙이 시행되기 위해서는, 어느 정도의 사회의 성숙이 필요하며, 아무런 원칙도 없이 적용하는 데는 문제가 있다.

또 그 폐해가 너무 큰 경우일지라도, '타자위해의 원칙'은 적용할 수 없고, 마약 금지, 오토바이 승용자에 대한 헬멧 착용의 의무화라고 하는 패터날리즘이 작동할 여지가 생긴다.

패터날리즘(paternalism)이란, 어원적으로는 '부권주의'이지만, 자식을 위해 자식의 자유의지를 무시하는 부친의 태도라고 하는 의미이다. '당사자의 이익이 되도록 당사자의 자유의지를 부인하는 것 같은 조치'란 의미로 쓰인다.

중요한 것은, 자유주의와 자유주의에 의한 법 체계는 '판단 능력이 있는 성인'을 전제로 하고 있다는 것이다. 어디까지나 '판단

능력이 있는 성인'을 전제로 하는 경우에는, 비록 본인에게 불이
익이 되더라도, 공공기관은 그 사람의 선택에 간섭하면 안 된다.

나는 이 '자기의 불이익이 되는 것'을 군이 선택하는 권리를
'우행권'(愚行權)이라고 불러 왔다. 최근 이 말을 써서 논하는 연
구자나 언론인이 많아졌는데, 그 대표가 끽연 문제이다. 또는 위
험을 수반하는 스포츠나 탐험을 하는 것도 '우행권'의 행사라고
할 수 있다.

해리어트 테일러와의 연애

밀은 1830년, 실업가인 존 테일러에게 초대되었고, 거기서 재원
으로 이름높은 테일러 부인을 소개받았다. 노이로제에서 겨우 회
복되어가던 밀은 곧바로 사랑에 빠졌고, 부인도 교양 있는 밀에
끌렸다.

이 사랑은 존 테일러가 인격적으로 매우 훌륭한 사람이었기 때
문에, 비참한 결과를 맞이하지 않고, 테일러가 죽을 때까지 계속
되었다. 테일러는 밀에 대한 부인의 심정을 알면서도, 밀이 찾아
오는 날이면 자기가 외출함으로써 자리를 피했다. 밀과 부인과의
관계는 테일러가 죽을 때까지 정신적인 것에 머물렀다고 한다.

테일러가 죽은 다음, 둘은 결혼했는데, 두 사람을 보는 주위의
눈은 차가웠다. 밀은 거의 모든 친구를 잃었으며, 가족과도 불화
했다. 당시의 영국에서는 남의 아내와 연애하고, 그의 죽음을 기
다려 결혼한다는 것은 도덕적으로 허용되는 일이 아니었다.

주위 사람들은 그에게 이 사랑을 체념하도록 여러 번 설득했다.
아마도 밀은, "비록 나에게 어리석은 일일지라도, 다른 사람은 잠

자코 있어 주기 바란다. 그것이 인간으로서의 기본적 권리이다."
라고 말하고 싶었을 것이다.

그러나 해리어트(Harriet Taylor)와의 결혼생활도 그렇게 오래
가지는 않았다. 7년 후에 해리어트가 결핵으로 죽었기 때문이다.
밀은 그 후에도 해리어트가 남긴 유산으로 살면서 왕성하게 저작
을 계속하다 67살로 타계했다.

밀은 현대의 자유주의 사회에서 우리가 판단을 요청받고 있는
중심적인 문제에 대해, 판단의 중요한 틀을 확립했다. 이 '자유주
의의 원칙'은 그대로 적용하면 많은 문제를 일으키는 것이지만,
그러나 우리는 원칙을 바탕으로 해서 어떤 판단을 이끌어 낼 수
밖에 없다.

덧붙이면, 밀에게는 논리학상의 저작 《논리학체계》라든지 고전
주의 경제학의 뛰어난 요약 《경제학원리》가 있다. 그리고 여성 해
방론인 《부인의 예속》은 해리어트와의 연애·결혼이 없었으면 쓰
여지지 않았겠지만, 지금도 선구적 저작으로서의 지위를 잃지 않
고 있다.

밀은 20세기를 산 사람은 아니지만, 그가 제시한 원리는 아직도
우리의 문제를 해결하는 틀을 이루고 있다. 그런 의미에서 매우
현대적인 사상가라고 할 수 있다.

마르크스: 영원한 비판자

　밀은 사회주의에 대하여, 처음에는 비현실적이라고 생각해 무시했다. 사회문제가 심각해지고, 사회주의의 영향을 무시할 수 없다는 것을 알게 되자, 조금씩 사회주의에 접근하는 자세를 보였는데, 자유를 유지하면서 평등화와 협동화를 꾀하는 것을 중요시하고, 자유를 희생하고 계획경제를 주장하는 데는 반대였다.

　빈곤문제를 해결할 수 있는 것은, 사회주의와 자유주의의 어느 쪽이냐 하는 문제와, 계획경제의 채용과 개인의 자유와는 어느 쪽이 더 중요한가 하는 문제는 별개의 것이다. 빈곤이든 자유이든 어느 한 쪽을 선택해야만 할 이유는 없다. 그러나 밀의 사회주의 부정은 주로 계획보다 자유가 중요하다는 입장이었다.

　마르크스(Karl Heinrich Marx, 1818~1883)는 밀처럼 개인의 자유에 절대적인 가치를 두지 않았다. 자본주의 사회의 구조 속에 사회를 붕괴와 파탄으로 이끌지 않을 수 없는 내재적인 요인이 작용하고 있다―그것을 추구하는 것이 마르크스의 과제였다.

　마르크스는 개종(改宗)한 유대인 변호사의 아들로, 독일의 라인주 트리어에서 태어났다. 프랑스와의 국경에 가까운 이 도시는 지금도 관광객이 찾는 아름다운 곳으로 도시 전체가 중세의 모습을 남기고 있다.

개종한 유대인의 자식으로 태어났다는 것은 마르크스에게 커다란 영향을 끼치지 않을 수 없었다. 마르크스는 자신이 유대인이면서 유대 문화에 친숙하기보다 보편적인 앎의 세계를 지향하게 된다.

성적이 뛰어났던 마르크스는 베를린 대학에서 공부했는데, 당시의 베를린 대학은 헤겔 철학을 넘어서려는 움직임이 활발했고, 그것은 우선 종교비판으로부터 시작되고 있었다. 이를테면, 포이에르바하(Ludwig A. Feuerbach, 1804~1872)는 인간학적 무신론을 전개하여 젊은 학생들에게 큰 영향력을 가지고 있었다.

이러한 가운데 마르크스는 학자를 목표로 연구를 계속하고 있었는데, 그의 선배로 헤겔의 종교학을 강의하고 있던 브루노 바우어(Bruno Bauer, 1809~1882)가 헤겔 비판으로 돌아서는 바람에 대학에서 자리를 잃게 되는 사건이 일어나고, 그 여파로 마르크스도 대학에 남는 길이 막히고 말았다.

그리하여 마르크스는 통신사에 일자리를 얻고, 《라인신문》에 삼림문제라든가 포도재배 등에 대한 기사를 쓰게 된다. 이 때의 경험은, 그가 산업이란 것을 아는 데 크게 이바지한 것 같다. 저널리스트로 있는 동안, 차츰 그에게는, 역사란 헤겔이 말한 것처럼 정신의 발전이 아니라 인간의 물건을 만드는 행위가 바탕이 되어 있는 것이 아닐까 하는 생각이 움터 갔다.

《독일 이데올로기》

같은 무렵, 트리어보다 훨씬 북동에 있는 붓퍼탈(Wuppertal)에서 실업가의 아들로 태어난 엥겔스(Friedrich Engels, 1820~1895)도 같은 생각에 이르고 있었다. 현재, 그의 생가는 박물관이 되어 있는데, 그 건물이나 전시되어 있는 엥겔스의 의복을 보면, 그가 얼마나 당시의 유복한 집안에 태어났는지를 알 수 있을 것이다.

마르크스와 엥겔스는 각기 독자적으로 사색을 거듭하다, 마침내 극적인 만남을 통해 합류하게 된다. 그 결과인, 1846년에 공동으로 쓴 《독일 이데올로기》를 보기로 하자. 이 책은 스탈린 시대에 심하게 손질되어 발표되었으며, 그것을 후에 히로마쓰 와타루(廣松 涉) 씨가 복원했다고 하는 사연이 있다.

"사람들은, 인간을 의식에 따라서, 종교에 따라서, 그 밖에 원하는 것에 따라서 동물로부터 구별할 수가 있다. 인간은 자기들의 생활수단을 생산하기 시작하면서 곧 바로 그들 자신, 자기를 동물로부터 구별하기 시작한다.…그들의 신체조직에 의하여 조건지어진 걸음의 시작. 인간은 생활수단을 생산함으로써 간접적으로 자기들의 물질적 생활 자체를 생산한다.—인간이 생활수단을 생산하는 양식은, 우선 기존의 그리고 또한 재생산해야 하는 생활수단 자체의 특질에 의속(依屬)한다."

포이에르바하는 인간과 동물의 다름이 이성의 유무, 종교의 유무에 있다고 주장했다. 그러나 마르크스와 엥겔스는, 그런 것이 아니라, 생활수단의 생산이 동물과 인간을 가른다고 했다. 생활수단의 생산, 곧 도구의 생산은 한갓된 생산과 다르다. 그러므로 거기에 동물과의 결정적인 다름이 있다는 것이다.

　물론 20세기가 되면, 동물(침팬지)도 도구를 만든다는 것이 알려지지만, 19세기의 이 시점에서, 인간을 생활수단의 생산을 가지고 특징지었다는 것은 역시 참신했다고 할 수 있다. 더욱이 그들은 이 생활수단에 공장설비나 회사제도도 포함시키고 있었다.

　"이 생산양식은 그것이 뭇 개인의 육체적 생존의 재생산이라고 하는 측면에서만 고찰되면 안 된다. 그것은 차라리 이미 뭇 개인의 활동의 일정한 방식인 것이며, 뭇 개인이 자기의 삶을 나타내는 일정한 방식, 뭇 개인의 일정한 생활양식인 것이다. 뭇 개인이 어떤 방식으로 자기의 삶을 나타내느냐고 하는 것이 그들의 존재방식이다. 그들이 무엇이냐고 하는 것은 따라서 그들의 생산양식 중에 드러난다"(앞의 책).

　마르크스와 엥겔스는, '뭇 개인의 일정한 생활양식'이란 시스템으로서 한 세트라고 한다. 인간이 모태로부터 떨어져 나올 때, 실은 그는 한 세트의 시스템 속에서 태어난다. 그 "그들이 무엇인가?"를 나타내는 구조는 세대를 넘어 전해져 가는 것이라고 한다.

　20세기도 후반이 되어서, 인류학자인 레비-스트로스는 자기의 구조주의의 원류에 마르크스가 있다고 말했는데, 생활양식이 한 세트로 계승된다고 하는 생각 속에는, 확실히 구조주의적인 생각이 들어 있다고 말할 수 있을 것이다.

언어 · 의식 · 사회

　《독일 이데올로기》에서도 문제되었듯이, 당시의 인간 파악에서는 '의식'이 인간을 파악하기 위한 기본이 되어 있었다. 그에 대해 마르크스는 의식이 아니라 생산을 들고 나왔다. 그러면 의식의 자리는 어디인가? 마르크스들은 이렇게 말한다.

"언어와 의식은 동갑이다.····언어는 실천적인, 다른 인간에게도 현존하기 때문에 나 자신에게도 비로소 현존하는 현실적인 의식이다"(앞의 책).

이 문장은 인류의 역사에서 언어가 발생했을 때와 의식이 생겨난 것이 동시라는 말로도, 어린아이가 말을 배우는 것과 의식을 갖는 것이 동시라는 말로도 이해될 수 있다. 그러나, 이미 헤르더(Johann Gottfried Herder, 1744~1803)의 《언어기원론》이 나와 있는 것으로 미루어, 마르크스는 언어의 역사적 기원에 대해 논했다고 생각하는 것이 타당할 것이다.

"다른 인간에게도 현존하기 때문에 나 자신에게도 비로소 현존한다"는 문장은 신경을 쓰지 않고 읽으면, 당연한 것으로 간과하게 되지만, 여기에는 매우 흥미 있는 사실이 적혀 있다. 자기가 한 말은, 다른 사람에게도 현존하기 때문에 자기에게도 현존한다는 것이다.

곧 언어란 것은, 자기와 타인의 문지방을 근원적으로 타파하는 구조를 가지고 있어, 다른 사람에게 현실성을 갖지 못하는 언어는 자기에게도 현실성이 없다. 그러므로 자기 혼자 만들어 쓰는 언어란 없다―이렇게 말하고 있는 것이다.

자기 혼자 만들어 쓰는 언어, 곧 사적 언어(private language)란 없다는 것을 발견한 것은 20세기의 비트겐슈타인으로 되어 있다. 그러나 마르크스는 이미 《독일 이데올로기》에서 그것을 말하고 있다.

여기서 마르크스가 말하려고 한 것은, 사회성이 없는 낱낱의 인간이 모여 사회를 형성하는 것이 아니라, 인간이란 처음부터 사회적이다. 곧 인간성은 사회성과 뗄 수 없는 것이라고 하는 것이다. "그리고 언어가 생겨나는 것은 의식과 마찬가지로, 우선은 '교통', 다른 인간들과의 교통의 욕구, 필요에서이다. '나의 사방 둘레에 관계되는 나의 관계가 나의 의식이다.' 어떤 관계가 현존하는 곳, 그 곳에서, 그것은 내게 대하여(für mich) 현존한다.…의식은 이렇게 해서, 처음부터 이미 하나의 역사적인 생산물이다"(앞의 책).

마르크스는 "나의 관계가 나의 의식"이라고 한다. 곧, 자기 안에 의식이 있는 것이 아니라, 자기와 타인과의 관계 자체가 의식이라고 하는 것이다. 이것은 헤겔을 속속들이 읽으면 그 바탕이 되는 말을 여기 저기서 보게 되는, 극히 헤겔에 가까운 인식이다.

마음이라는 땅굴 속에 의식이 살고 있어서 눈이라고 하는 창문으로 밖을 내다보면 무엇인가 보이는 것이 아니라, 의식이란 처음부터 바깥과 맺어져 있다는 것이다. 다시금 그는 《포이에르바하에 관한 테제》에서 "인간적 본질은 현실태(現實態)에서는 사회적 뭇 관계의 앙상블이다"라고 했다.

그 때까지 본질(Wesen)이란 말은, 인간의 이성이나 인격 같은 인간의 신체를 초월한 정신 속에 있는 영원한 본질을 의미하는 경우가 많았다. 그러나 마르크스는, 그것은 사회적 뭇 관계의 앙상블이라고 한다. 곧 인간은 여러 가지 사회적 관계의 매듭이라고 보는 것이다.

상부구조와 하부구조

인간은 사회적 뭇 관계의 앙상블이며, 또한 인간과 사회는 한 세트라고 마르크스는 말한다. 그러므로 개인은 이미 만들어져 있는 한 세트 안에 들어서는 것이다.

"사람들은 그의 삶의 사회적 생산에서, 일정한, 필연적인, 그들의 의지와는 독립된 뭇 관계에 들어선다. 곧 물질적 생산력의 일정한 발전 단계에 대응하는 생산관계에 들어간다"(《경제학비판》 머리글).

이것이 바로 마르크스주의의 '유물사관'(唯物史觀)의 공식이라고 하는 것이다. 곧 인간은 자유이기는 하지만, 삶의 장면 자체로부터 자유로운 것은 아니다. 자기의 의지와 독립된 사회적 뭇 관계를 떠나서는 살 수 없다. 그리고 그 사회적 관계란 것은, '물질적 생산력의 일정한 발전단계에 대응하는 생산관계'라고 한다. 이 '생산관계'가 고대노예제 사회, 입헌군주제 사회, 자본주의 사회라고 하는 역사단계, 곧 '시대'이다.

"이 생산관계의 총체가 사회의 경제구조, 실재적인 토대를 이루며, 이것 위에 법제적·정치적인 상층구조물이 우뚝 서고, 다시 그것(토대)에 일정한 사회적 의식형태가 대응한다. 물질적 생활의 생산양식이 사회적, 정치적, 정신적, 생활과정 일반을 규제한다. 사람들의 의식이 그들의 존재를 규정하는 것이 아니라, 거꾸로 그들의 사회적 존재가 그들의 의식을 규정하는 것이다"(앞의 책).

여기서 마르크스는 토대와 상층구조물이라는 이름으로, 사회를 하부구조와 상부구조의 둘로 나눈다. 곧, 봉건사회에는 봉건사회의 하부구조와 상부구조가 있으며, 자본주의사회에는 자본주의사회의 하부구조와 상부구조가 있다. 그리고 하부구조가 상부구조를 규정한다고 말한다.

"사회의 물질적 생산관계는 그의 일정한 발전단계에서, 현존하

는 생산관계나 이의 법률적인 표현에 지나지 않는 것이지만…재
산(소유)관계와 모순에 빠진다. 이들의 뭇 관계가 생산력의 발전
(을 받아들이는) 형식으로부터 그 질곡으로 일변한다. 그 때, 사회
혁명의 시대가 시작된다. 경제적 기초의 변화에 따라서, 거대한
상층구조물 전체가 서서히든 급격히든 뒤집힌다"(앞의 책).

　　마르크스의 사상은 이론적인 동시에 실천적인 것으로, 사회인
식의 내용과 사회개혁의 방법이 단단히 맺어져 있다. 마르크스주
의에서 본, 사회 전체의 변화 동향과 변혁의 방법은 대충 다음과
같은 주장으로 정리된다.

　① 역사의 진보의 실질은 물질적인 부의 생산의 증대에 있다.

　② 생산관계의 변화에 따라 문화의 변동이 일어난다.

　③ 자본주의의 경제성장은 막다른 골목에 이르고, 진보는 혁명
　　에 의하여 일어나는 새 사회로 이어진다.

　④ 개인의 자유를 중시하는 문화의 결함이 극복되고, 사회계획
　　에 바탕을 둔 공동주의적인 문화가 창조된다.

현대 사상은 모두 마르크스주의

　　마르크스주의자는 자기들의 주장만 옳다고 생각한다. 이를테면,
그들에 의하면 유물론은 다음과 같은 입장이다. "세계는 개인의
의식과 독립된 물질적인 것이며, 인간의 정신도 고도로 발달된 물
질의 존재 방식이다." 그러나 이와 같은 입장은 마르크스주의자가
아닌 많은 사람이 옳다고 승인하고 있다. 유물론의 입장은 본디
프랑스의 계몽주의나 영국의 경험론과도 공통되는 것으로, 결코
마르크스주의만이 유물론의 입장을 취해온 것은 아니다. 그런데

마르크스주의자는 자기들만이 진짜 유물론자라고 믿고 있다.

　이를테면, "역사의 진보의 실질은 물질적인 부의 생산의 증대에 있다"는 주장은, 오늘날에는 경제성장을 추구하는 모든 나라의 사람이 인정하고 있다. 역사의 진보의 실체는 이성적 지식의 보급도, 인간성의 완성도, 자유의식의 발전도 아니고, 사물을 전보다 더 많이 만드는 것이라고 인정하는 데는 특별한 지식이 필요하지 않다. 생활은 점점 개선되고, 사람들은 장수하며 많은 부를 축적하게끔 되었다. 다만, 성장의 지표로서는 GDP(국내총생산)가 사용되고, 자유나 정의나 민주주의와 같은 정치문화 면에서의 진보는 경제성장의 결과로서 달성된다고 여겨지고 있다.

　진보와 성장은 세계공통의 목표가 되었다. 그러나 진보라는 관념은 이전처럼 아름답게 빛나고 있지는 않다. 미래에는 언제나 과거보다 풍요로운 삶이 있다는 신념을 이제는 믿을 수가 없다. 현재의 세대가 번영하면 할수록, 미래 세대에는 빈약한 자원과 나쁜 환경이 남겨진다. "내일은 더 풍요해진다"는 진보의 역사상은 거짓이 되어 버렸다.

　마르크스 자신은 생산과 경제(하부구조)의 변화와 정치문화(상부구조)의 변화를 어느 정도 기계적으로 대응시키는 경향을 보였다.

　"부르주아지의 지금까지의 발전단계는 모두 그에 상응한 정치적 전진을 동반하고 있었다. 부르주아지는, ①봉건영주 아래서는 피압박신분이며 ②코뮌에서는 무장한 자치단체이고, 어떤 곳에서는 독립된 공화국, 어떤 곳에서는 군주제 아래 납세의 의무를 지는 제3신분이며 ③이어 수공업 시대에는 신분(身分)군주제 또는 절대군주제 아래서의 귀족의 대항세력이요, 일반적으로 대군주국의 주요한 기초이고 ④마지막으로, 대공업과 세계시장이 형성된 다음에는, 근대 대의제국가 안에서 배타적인 정치적 지배를 쟁취했다"(《공산당 선언》).

토대와 상부구조에 대한 이 규정은 옳을지도 모른다. 그러나 거기서 다음의 결론이 나온다.

"자유·정의 따위와 같은, 모든 사회상태에 공통되는 영원한 진리가 있다. 그런데 공산주의는 영원한 진리를 폐기한다. 종교나 도덕을 개혁하는 것이 아니라 이것을 폐지한다. 그러므로 공산주의는 모든 역사적 발전과 모순된다고 말하는 사람이 있을 것이다. 그러나 계급대립의 모양은 어떠하든지, 사회의 일부가 다른 부분을 착취해 온 것은, 과거의 시대 전체에 공통되는 사실이다. 그러므로 모든 시대의 사회의식이, 실로 다종 다양함에도 불구하고, 어떤 공통의 형태를 취하고 있었던 것은 놀라운 것이 아니다. 그것들은 계급대립이 완전히 소멸할 때에 해소된다"(앞의 책 54면).

이 이론에서는, 역사 속에 짧은 생명과 긴 생명을 갖는 것이 공존한다는 것은 인정하지만, 긴 생명을 가진 것은 모두 계급지배의 반영으로 간주되고 만다. 가족애가 1천년 지속되었다고 하면, 그것은 같은 길이를 가진 계급지배의 표현에 지나지 않는 것이 된다. 이렇게 해서 '영원한 가치'가 부인된다.

그 때문에 경제의 변화보다 더 긴 느린 변화(이를테면 가족구조의 변화)를 설명할 수 없게 되었다. 그리고 거의 역사적으로 변화하지 않고 있는 인간의 본성을 '계급사회라고 하는 긴 역사적인 기간'에 대응하는 것으로 설명했기 때문에, 인간성의 본질의 많은 것을 마르크스주의는 부인하는 결과가 되었다. 이를테면, 인간의 자유를 계급사회적 자유라든가 자본주의적 자유라고 설명함으로써, 인간성의 근원에 있는 자유를 무시해 왔다.

마르크스는 이와 같이 상부구조와 하부구조로 사회와 시대를 파악하려고 했다. 그러나 이것이 바로 마르크스주의의 목숨을 빼앗는 것이 되었다. 그는 일정한 토대 위에는 일정한 상부구조가 대응한다고 생각했다. 도식적으로 말하자면, 봉건사회라고 하는 하부구조에는 고유한 독일어라고 하는 상부구조가 있고, 자본주의 사회에는 자본주의적인 독일어가 있다. 그러나 사회구조에는 긴 시대를 가로로 꿰뚫는 여러 구조가 있어, 그 속에는 몇 해면 변하는 유행어로부터 몇 백년이 지나도 변하지 않는 기본어까지 여러 가지 변이(變異)가 있다. 그러면 산업문화 전체가 시대마다 변해 가는 것이 아니고, 10년 단위로 변하는 요인이 있는가 하면, 천년 단위로 변하는 요인도 있다.

이러한 시간적인 다원성이라는 모델은 현대의 역사가 페르낭 브로델(Fernand Braudel, 1902~1985)에 의하여 자세하게 서술되었다. 짧은 변동기간을 갖는 정치, 그것보다 긴 변동기간의 경제, 더 긴 농업이라는 식으로 역사는 다른 변동기간을 갖는 층의 중첩으로 구성되어 있다.

그러나 어떤 의미에서 브로델 도식보다 더 단순한 마르크스의 도식은 당시의 사상에 대한 안티 테제로서 매우 강한 효과를 가지고 있었다. 왜냐하면 프랑스혁명이 일어나고, 산업혁명이 시작되어 급속한 사회변화를 가져온 유럽 사회를, 각 시대에 고유한 하부구조(토대)가 있다는 도식으로 잘 설명해 주었기 때문이다.

현재도 혁명이론으로서의 마르크스주의는 거의 돌보아지지 않지만, 사회변동을 생각할 때, 하부구조의 여러 가지 생산활동이나 상업활동을 상부구조의 관념적인 변동의 원인으로 보는 방법은 모든 사회과학에 받아들여지고 있다. 어떤 의미에서는, 현대 사상은 모두 마르크스주의인 것이다.

그리고 혁명이론조차도 "이전 사회를 지탱한 제도는 질곡이 되므로, 경제적 기초가 변화된 오늘날 그것을 치워버리라"고 주장하는 현재의 규제완화론 같은 것 안에서 은밀히 숨쉬고 있다고 할 수 있다.

더 나아가 사회주의라고 하는 선택권을 잃은 세계는 미래의 선택지의 빈곤에 허덕이고 있다. 그런 의미에서 마르크스의 사상은 사회주의의 혁명이론으로서가 아니라, 인류의 다른 길을 생각하는 사상으로서 재평가될 가능성을 남기고 있다.

제2장

인간의 의지와 욕망을 들여다보고

니체: 삶의 근원성
프로이트: 욕망의 어두운 숲

니체 : 삶의 근원성

　마르크스와 니체(Friedrich Wilhelm Nietzsche, 1844∼1900) 사상
의 공통점이라고 하면, 두 사람 다 진화론으로부터 강한 영향을
받은 것뿐이지만, 마르크스의 경우에는 변화의 주체는 사회라고
보기 때문에, 다원적인 종의 변화와는 척도(尺度)가 다르다. 니체
는, 인간이 초인(超人)으로 진화한다고 생각했지만, 이 사상의 바
탕에 있는 것은 휴머니즘을 넘어선 사상이 등장한다는 의미이고,
생물인 인간이 초인간이라고 하는 새로운 종으로 진화한다는 의
미는 아니다. 따라서 마르크스도 니체도 다윈의 종과는 다른 문맥
에서 진화란 사상을 받아들이고 있다.
　산다는 것의 원점을 변화에 두고 있었다는 점에서 마르크스와
니체는 공통의 모티브를 가지고 있었지만, 사회에 대한 관심이란
점에서 보면, 니체의 경우에는 사회로부터 자기를 떼어내, 자기의
내면세계에 살려고 한다.
　니체를 20세기의 사상가라고 한다. 바로 그는 20세기가 시작되
려고 했을 때 세상을 떠났다. 그러나 마지막 10년 동안은 정신병
원에서 투병생활을 했으며, 이미 그의 정신생활은 세기말에 끝나

있었다고 할 수 있다.

사인은 뇌성 매독이었다는 설이 유력하지만, 이 매독에 대해서
도, 부친이 원인이었다는 설이 있는가 하면, 본인 자신이 감염되
었다는 설도 있어, 정확하게는 알려지지 않고 있다. 그러나 니체
는 그러한 외적인 원인에서 오는 병이 아니었어도 매우 개성이
강한 정신적 활동을 전개했음에 틀림이 없다.

본디 니체는 그리스 고전의 연구자였다. 젊어서부터 그리스의
시나 철학에 대한 해석으로 두각을 나타내, 25세로 바젤 대학의
교수가 되었다. 그러나 그의 업적은 중상을 받았고, 혐오를 느낀
그는 교수직을 내던지고 자유로운 문필가로 살아가게 된다.

스승 쇼펜하우어

니체가 사상가로서 독립하는데 가장 큰 영향을 준 것이 쇼펜하
우어였다. 《의지와 표상으로서의 세계》(1809)를 쓴 이 철학자는
19세기말에 쓰인 여러 철학사에서 최고의 대접을 받았다. 당시 그
는 사상계의 거물이었다.

쇼펜하우어는 당시 번역되고 있던 인도철학의 영향을 받아, 인
간은 '맹목인 의지'에 의하여 움직인다고 했다. 말하자면 인간은
어쩔 수 없는 그 무엇의 충동으로 살아가며, 그 의지를 탈각함으
로써 진정한 평안을 얻을 수 있다고 주장했다.

니체는 이러한 쇼펜하우어의 저작을 읽고 대단히 감격하여, 그
이야말로 자기 영혼의 스승이라고 생각했다. 《시대에 어긋나는 고
찰》에서 그는 '스승으로서의 쇼펜하우어'라는 한 단락을 두고 있
다.

그러나 니체가 쇼펜하우어를 평생의 스승으로 삼았느냐 하면, 그렇지 않다. 그에게는 다소 지레 좋아하다 마는 버릇이 있었으며, 가극작가 바그너에게 심취하여, 같은 책에서 최고의 찬사를 보냈는가 하면, 얼마 뒤 도취에서 깨어나 심하게 비판한 일도 있다.

그의 연애도, 역시 지레 좋아하다 만 경향이 있다. 1882년에 러시아의 망명 귀족 루 살로메(Lou A. Salome, 1861~1937)를 알게 되고 즉각 구애했다. 그는 살로메에게 바치는 시를 쓰기도 하고, 충고하는 모친이나 누이동생과 다투는 등 온통 난리였지만, 살로메 쪽에서는 그에게 마음을 준 흔적이 없다. 그녀는 당시의 유럽 살롱을 휩쓴 재원으로, 괴짜 같은 철학자를 진정으로 사모하지는 않았던 것이다.

'하느님의 죽음'이란 무엇인가

유럽의 세기말에 니체가 본 것은 무엇이었을까? 그는 "하느님은 죽었다"고 말했다는데, 그것은 어떤 의미였을까?

"광란의 사람—당신들은 저 광란의 이야기를 듣지 못했는가? 그는 환한 오전에 등불을 켜들고 장터에 달려와 '나는 하느님을 찾고 있다'고 쉴새없이 외쳤다.—거기에는 마침 하느님을 믿지 않는 사람들이 많이 모여 있었으므로, 그는 큰 웃음거리가 되었다. 하느님이 어디로 가버렸다고? 어떤 사람이 말했다. 하느님이 어린아이처럼 미아가 되었다는 건가? 다른 사람이 말했다.…그러자 광란의 사람은 그들 한가운데로 뛰어 들어와 그들을 찌르려는 듯한 눈초리로 쏘아보며 외쳤다. '하느님은 어디로 갔는가? 내가 그것을 당신들에게 말해 주겠다! 우리가 하느님을 죽인 것이다—
당신들과 내가. 우리는 모두 하느님을 살해한 자들인 것이다'(《기
쁜 지식》).

　이 이야기는 그리스 시대의 철학자 디오게네스가 낮에 등불을
들고 "어디 사람은 없는가" 하면서 돌아다닌 에피소드를 바탕으
로 하고 있다. 디오게네스는 당시 이름 높았던 플라톤의 이성주의
를 비꼬기 위해 이런 짓을 했다고 한다. 곧, 이성에게 인식 가능한
'영원한 세계가 있고, 그것을 찾으면, '무엇이 좋은 것인지', '무엇
이 옳은 것인지'가 이끌어 내어진다는 플라톤의 철학을 공격했던
것이다.

　니체는 디오게네스의 이 이야기를 환골탈태(換骨奪胎)하여, 플
라톤의 '영원한 세계'를 '하느님'으로 바꿔 읽음으로써 시대상황
을 부각시켜 보였다. 또는 '이성'을 '하느님'으로 보는 근대 유럽
의 사상을 비판했다.

　"하느님이 죽으면" 어떻게 되나? 니체는 '니힐리즘의 시대'가
온다고 한다.

　'니힐리즘이란 무엇을 의미하는가?—최고의 가치가 무가치가
된다는 것. 목표가 없다. "왜"에 대한 답이 없다는 것이다'(《힘에
의 의지》).

　　샐러리맨에게 "당신은 왜 매일 회사에 오는가" 물어 본다.
　　답변: "회사에 안 나오면 급료를 받지 못하니까."
　　물음: "그럼, 왜 급료를 받는가?"
　　답변: "처자를 먹여 살릴 수 없으므로."
　　물음: "왜 처자를 먹여 살리나?"

답변: "가정의 안정이 필요하니까."

물음: "왜 가정의 안정이 필요한가?"

답변: "회사에 나가 벌기 위해."

이렇게, 우리는 일상생활에서도 궁극적인 목표가 있다고 생각하면서, 실제 행동은 순환구조를 이루어 아무 곳에도 정착하지 못한다. "최고의 가치가 무가치가 되고, 목표가 없다"는 말이 이것이다.

'하느님의 죽음' 다음의 인간

목사의 집에 태어난 니체에게, '하느님'이 우리의 인생에 의미를 준다는 실감은 여느 사람보다 컸다. 그러므로 그는 '하느님'이 죽었을 때의 깊은 공포를 깨닫고 있었다. 그러나 '하느님'도 '이성'도 '사회정의'도 없는 데서 인간은 어떻게 살까?

"침해, 폭력, 착취를 서로 삼가고, 자기의 의지와 타자의 의지를 평등하게 볼 것. 이것은 만약 그를 위한 여러 조건이 주어져 있다면, 어떤 대체적인 의미에서 각 개인 간의 양속(良俗)이 될 수 있다. 그러나 이 원칙을 더 넓게 잡고, 가능하면, 사회의 근본원칙으로까지 보려고 할 때, 즉시 그것은 그 정체를, 곧 삶의 부정을 위한 의지이며, 해체와 퇴락의 원칙이라는 것을 폭로할 것이다"(《선과 악을 넘어서》).

이 문장은, 주의 깊게 읽으면 칸트의 《실천이성비판》에 대한 풍자로 쓰여졌다는 것을 알 수 있다. 칸트는 "그대의 의지의 격률(格率)이 보편적인 입법의 원리가 되도록 행동하라"고 했는데, 그렇게 해서 "자기의 의지와 타자의 의지를 평등하게 본다면" 인간의 '삶'이 빠져버리지 않겠느냐고 니체는 말하는 것이다. 계속해서 니체는 말한다.

"곧, 삶 그 자체는 본질적으로 타자나 약자를 내 것으로 삼는 것, 침해하는 것, 타도하는 것이며, 억압하는 것, 가혹한 것, 자기의 형식을 강제하는 것, 동화하는 것으로, 적어도, 극히 조심해서 말한다 해도, 착취하는 것이다"(앞의 책).

'삶 그 자체'는 단적으로 자기 충족이며, 그 자기 충족이 도덕적이냐 아니냐는 부차적인 문제이다. 우리가 도덕을 통해 인생의 가치를 보면, 보지 못하는 것, 또는 악이라고 하는 것은, 실은 인생의 충족감을 주는 큰 요소일지도 모른다. 이를테면, 불륜을 범하고 있는 사람들은 "그것은 도덕적으로 나쁠지 몰라도, 인생이 충족된다"고 말할 것이다. 이를테면, 회사 일로 경쟁사를 속여서 도산시켰을 때, 그것이 도덕적으로 옳지 않은 일이라도 달성하면 충족감을 경험한다.

니체는 "모든 범죄에는 반짝이는 것 같은 삶의 감각이 있다"고 한다. 그러나 사회적 규범에 따른 선악의 판단을 하지 않는다면, 우리들의 삶의 진실은 과연 어디서 잡히는 것일까? 그는 '원근법주의'(遠近法主義)라고 하는 생각을 내 놓는다.

"현상 아래 머물고 '오직 사실만이 존재한다'고 하는 실증주의에 대항하여 나는 말한다. 아니, 정말이지 사실이란 것은 존재하지 않으며, 오직 해석이 있을 뿐이라고. 우리는 어떠한 사실 '자체'도 확인하지 못한다. 그러한 것을 원하는 것은 아마도 무의미한 것이다.

'모든 것은 주관적이다'라고 그대들은 말한다. 그러나 그것이 이미 하나의 해석이다.… 일반으로 '인식'이란 말이 의미를 갖는한, 세계는 인식될 수 있다. 그러나 세계는 다르게 해석될 수 있으며, 나의 배후에는 아무 의미도 가지고 있지 않으며, 오히려 무수한 의미를 가지고 있다— '원근법주의'(Perspektivismus)"(《힘에의의지》).

우리는 사물 배후에 진정한 무엇이 있고, 그것을 아는 것이 참으로 사물을 인식하는 것이라고 생각하고 있다. 그런데 니체는 그렇게 생각하지 않는다. 오히려 "내 배후에는 어떠한 의미도 가지고 있지 않으며, 도리어 무수한 의미를 가지고 있다"고 단언한다. 어떤 경치도 그것을 보는 관점에 따라서 변한다. 그것이 원근법주의이다.

그리스도교의 기만

이러한 니체의 생각에 따르면, 유럽을 지배해온 그리스도교 문화는 참을 수 없을 만큼 기만에 찬 것일 뿐이다.

"그리스도교적 도덕의 폭로는 하나의 비길 데 없는 사건이며, 참된 파국이다.… 삶의 반대 개념으로서 날조된 '하느님'의 개념—이 속에는 모든 유해한 것, 유독한 것, 중상하는 것, 삶에 대한 철저한 적의가 오싹할 만한 방식으로 아우러져 있다! '피안'이라든가 '참된 세계'라는 개념은 존재하는 유일한 세계를 무가치하게 만들기 위해—우리의 대지의 현실에는 이미 어떠한 목표도, 이성도, 과제도 남겨놓지 않기 위해 날조된 것이다"(《이 사람을보라》).

니체는 지금 손에 붙잡고 있는 것, 눈으로 보고 있는 것이 참된 세계라고 한다. 현실이나 자기에 대한 집착을 버린 사람을 칭찬하는 경향은 동서양을 가리지 않고 있지만, 그의 말에 따르면, 그런 것은 '데카당스'라고 한다.

"마지막으로—이것이 가장 무서운 것이지만—선인이라는 개념은, 모든 약자, 병자, 덜 된 사람들, 자기 자신에 괴로워하는 사람, 곧 몰락해야 할 모든 사람들을 좋다고 하고—도태의 법칙은 방해받고, 긍지 있고 잘난 사람, '긍정'하는 사람, 미래를 확신하고 미래를 보증하는 사람에 대한 항의가 이상이 되어 있다.—후자 쪽이 바야흐로 악인으로 불린다.…그리고 이 모든 것이 도덕이라고 믿어졌던 것이다!—부끄러움을 모르는 자를 짓밟아라!" (앞의 책).

니체는 "부끄러움을 모르는 자를 짓밟아라"라고 했기 때문에, 악을 긍정하고 선을 부정했다는 말을 듣는다. 그리고 이 사상이 나치즘으로 흘러 들어가, 나치스의 우성주의(優性主義)를 조장한 것으로 여겨져 왔다.

그러나 니체가 나치스의 시대까지 살아 있었다면, 나치즘에 찬성할 까닭이 없었다. 니체는 약자를 괴롭히라고 주장한 것이 아니며, 어디까지나 인간의 삶의 충실이 척도라고 말했을 뿐이다. 하물며 삶의 충실을 국가의 권력기구를 빌려 실현하는 일은, 부끄러움을 모르는 침 뱉을 일이라고 생각했음에 틀림이 없다.

디오니소스적인 인생의 긍정

니체는 그의 생애의 후반을 매독 증상의 진행과 더불어 살았다. 그는 아마도 자기가 썩은 벌레같이 되어가는 꿈을 자주 꾸었을 것이다. 나는 고름 냄새를 풍기면서 쓰레기터에서 죽어간다는 망상이 몇 번이고 머리를 스쳤을 것이다.

니체가 인생에게 준 마지막 말은, 그러한 삶까지도 긍정한다는 것이었다. 그는 학자로서 실패하고, 사랑도 깨졌으며, 바야흐로 매독으로 죽어가는 상황에 있으면서 "인생에 대하여 무슨 말을 하면 최선의 인생이라고 할 수 있는가"라는 물음에 대해, 일본식으로 말하자면, "한 그릇 더 주세요"라는 것이다. "다시 한번 이 삶을 살고 싶다" — 그것이 삶을 긍정하는 최대의 표현이라고 한다.

"'그렇다'(Ja)에 대한 나의 새 길 — 내가 지금까지 이해하고 살아 온 철학은, 생존의 혐오되고 기피된 측면까지도 마음먹고 탐구하는 것이다.… '정신이 어느 정도의 진실을 견딜 수 있는지, 어느 정도의 진실에 감히 맞설 수 있는지?' — 이것이 나의 본래의 가치 척도가 되었다.…있는 그대로의 세계에 대해, 무엇을 에누리하거나, 빼거나, 선택하지 않고, 디오니소스적으로 그렇다고 할 수 있는 데까지 나아가기를 의욕하는 것이다.…이것을 나타내는 나의 정식(定式)이 운명애(amor fati)이다"(《힘에의 의지》).

니체는 젊은 날의 출세작 《비극의 탄생》에서, 그리스의 신들에게는 청명한 아폴로적인 것과 어둡고 무서운 디오니소스적인 것이 있음을 지적했었다. 그는 인생의 황혼에 처해, 어두운 디오니소스적인 것에, 오욕에 찬 삶을 긍정하는 원형을 인정하고 "디오니소스적으로 그렇다"라고 한다.

니체는 눈앞에 있는 것에서 눈을 돌리는 일을 일체 배제하고, 주어진 모든 운명을 전면적으로 받아들이는 것, 그것이 사는 것의 근본이라고 말했다.

니체가 인간에 대해 발견한 것은, 인간이 사는 의미는 도덕성으

로 환원되지 않는다는 것이다. 반도덕적이더라도, 힘에의 의지가
인간의 존재를 지탱하는 수도 있다. 그리고 니체는 그리스도교를
도덕주의와 거의 중첩시켜 이해하고 있었기 때문에, 도덕주의와
그리스도교를 말하자면 한 꼬챙이에 꿰어 비판했다. 도덕이나 그
리스도교를 부정적으로 논했기 때문에 위험한 사상가로 여겨져
왔지만, 그의 진정한 사상적 의미는 바로, 인생을 도덕이나 종교
를 떠나서 있는 그대로 받아들인다고 하는 것이다.

프로이트 : 욕망의 어두운 숲

니체가 쇼펜하우어에게서 배운 것은, 삶이 맹목적인 충동이라는 것이었다. 넓은 시야에서 보면, 자유가 이성의 품을 떠나 혼자 걷기 시작한 모습이, 쇼펜하우어나 니체의 삶의 개념일 것이다. 이 충동을 가장 구체적으로 파악하면 성욕이 된다.

니체의 삶의 개념에는, 에네르기 불변 법칙의 해석에서 나온 '같은 것의 영원한 되돌아옴'이란 사상이 포함된다. 세계가 유한하고 에네르기가 불변이라면, 같은 순간이 다시 올 것이라는 것이다. 이 사상으로 니체가 파악하고 있었던 것은, 모든 순간이 반복이라고 하는 과학법칙과는 상관이 없는 시간의식이었다고 생각되지만, '불변의 에네르기'라는 관념이 니체의 정념적(情念的)인 사고를 자극했던 것이다.

만약 욕망이 에네르기라면, 유아가 느낀 에로틱한 욕망은 소멸되지 않고, 모습을 바꾸어 재등장할 것이다. 프로이트의 성욕론도 니체가 받은 것과 같은 에네르기 개념의 영향을 받고 있다.

지그믄트 프로이트(Sigmund Freud, 1836~1939)는 인간을 이해하는데 성욕이 얼마나 큰 의미를 가지고 있는지를 우리에게 보여

주었다.

19세기적인 생각에서 보면, 인간을 이해하는데 중요한 것은, 다른 동물에서는 볼 수 없는 이성이란 것이 된다. 금세기 초만 해도 그 경향이 강했다. 그런데 프로이트는 성욕이 중요한 것이라고 했으니, 사회의 반발도 컸다.

그러나 프로이트는 성욕을 동물적인 것이라고 생각하지 않았다. 도리어 우리가 성욕이라고 알고 있는 정동(情動)은 너무나 인간적인 것이며, 극히 인간에게 특유한 것이라고 파악했다. 왜냐하면 인간의 성욕에는 성적 도착이 있기 때문이다. 성욕이 동물적인 것이라면, 성적 도착은 설명될 수 없지 않는가―여기에 프로이트의 착안점이 있었다.

정상과 이상(異常) 사이

프로이트는 성욕의 정상성을 이루고 있는 것이 실은 동시에 이상성(異常性)을 낳는 메카니즘이기도 한 것이 아닐까 생각한다.

"인간이나 동물에게서 볼 수 있는 성적인 욕구의 사실을, 생물학에서는 '성 충동'을 가정하여 설명하고 있다. 이것은 영양 섭취의 충동, 곧 기아와 유사한 것이다. 그러나 '기아'라는 말에 상당하는 것 같은 호칭은 성 충동의 경우 일반의 언어에는 없고, 학문상으로는 이러한 호칭으로서 '리비도'라는 말이 사용된다.

우리는 새로 두 개의 학술용어를 쓰기로 하자. 곧, 성적인 매력을 발하는 당사자를 성 대상(性 對象)이라고 부르고, 성 충동이 무턱대고 하려는 행위를 성 목표라고 부르면, 그 때는 학문적으로 자세히 살펴진 경험은, 성 대상과 성 목표의 양자에 관해 수많은 치우침[偏倚]이 있음을 입증하지만, 이들 이형(異形)과 정상이라고 가정된 것과의 관계에 대한 깊은 연구가 필요할 것이다"(《성욕론》).

여기서 프로이트가 말하고 있는 것은, 성 대상이나 성 목표의 이상에 대해 주목하지 않으면 안 된다고 하는 것이다. 곧 동성애(성 대상의 이상)나 성기 이외의 것에 대한 성 충동(성 목표의 이상)이 왜 생기는지를 생각하지 않으면 안 된다.

프로이트가 활동을 시작한 19세기말은, 병에 대해 전혀 새롭게 생각하기 시작한 시대였다. 그 때까지, 병은 그 사람 안에 있는 내인적(內因的)인 것에 의하여 생기는 것으로 되어 있었지만, 파스퇴르(Louis Pasteur, 1822~1895)의 광견병균이라든가 코흐(Robert Koch, 1843~1910)의 결핵균 발견으로, 병이 외인에 의하여 생긴다는 것이 밝혀졌다.

흥미롭게도 이런 시대에 프로이트는 성 이상을 외인이 아닌 내인에서 찾아 나갔다. 이것은 프로이트의 행운이었다. 성의 메카니즘을 크게 좌우하는 호르몬 분비의 구조는 아직 잘 알려져 있지 않았지만, 내적인 것에 바탕이 있다고 생각한 것 자체는 틀리지 않았다고 해야 한다.

"선천적이라는 것은, 곧 알 수 있는 것이지만, 성 대상 도착의 가장 극단적인 첫째 부류의 사람에게만, 그나마 이런 따위의 인물의 일생의 어느 때에도 이 도착 이외의 성 충동의 방향은 보이지 않았다고 하는 그들 자신의 확언을 근거로 주장되어 왔다"(앞의 책).

동성애자의 고백이 그대로 옳고, 이성에게 전혀 충동을 느끼지 않았다면, 그 이상(異常)은 선천적이지만, 실제로는 선천성으로는 설명이 안되는 요소가 있다.

"성 대상 도착은 선천적인 것이라는 가정에 의해서도, 그리고 후천적이라는 가정에 의해서도 성 도착의 본질은 전혀 설명되지 않았다. 선천적인 것이라고 하는 경우에는, 사람은 선천적으로 성 충동이 특정한 성 대상과 결부되는 경향을 띠고 태어난다는, 조잡하기 짝이 없는 설명을 지지하지 않는 한, 성 대상 도착의 어느 점이 선천적인 것인지를 확실히 말해야 할 것이다. 후천적인 것이라고 하는 경우에는, 다양한 우발적 영향을 받아들이지 않을 수 없는 것이 개체 측에 없어도, 우발적인 영향만으로 다양성을 설명할 수 있는지 어쩐지 하는 문제가 있다"(앞의 책).

선천적인 것으로도, 후천적인 것으로도 동성애가 설명될 수 없다는 것은, 원인은 후천적이면서, 마치 선천적인 것 같은 효과를 내는 짜임새가 있다는 것이 된다. 프로이트는 성을 그런 것으로 보려고 한다.

거기서 프로이트가 가장 중요시하는 것이 유아에게서 볼 수 있는 행동이다.

'혐오'의 구실

"구강을 성적 기관으로 이용하는 것이 성 목표 도착이라고 간주되는 것은, 단지 어떤 인물의 입술(혀)이 다른 인물의 성기와 접촉될 때이지만, 쌍방의 입술의 점막을 서로 접촉할 때는 그렇게 간주되지 않는다. 이 입술을 서로 접촉하는 경우가 제외된다고 하는 점에 정상적인 결합이 있다"(앞의 책).

곧 이성이 입술의 점막을 합치는 것은 성도착으로 간주되지 않지만, 입술의 점막을 다른 목적으로 쓰면 성도착이 된다. 그리고 입술과 입술이면 도착이 아니라는 것은, 정상적인 결합이 있기 때문이라는 것이다.

"아마도 인류의 원시 시대로부터 행해져 온 다른 솜씨를 성 목표 도착이라고 경멸하는 사람은, 그 때, 자기에게 이러한 성 목표를 용인하지 않게 하려는 명료한 혐오의 정에 양보하고 있는 것이 된다. 그런데 이 혐오의 한계는, 흔히 전혀 편의적인 것에 지나지 않을 때가 많다. 이를테면, 열렬하게 아름다운 소녀의 입술에 입맞추는 사람도, 그녀의 칫솔을 쓰게 된다면 혐오의 정을 품지 않을 수 없을 것이다.… 혐오는 성 대상을 리비도적으로 과중하게 평가하는데 장애가 되지만, 그러나 그 자신은 리비도에 의하여 극복될 수 있는 것이다. 혐오의 정을 우리는 성 목표의 제한을 성취시킨 여러 힘의 하나로 보고자 한다"(앞의 책).

여기서 말하는 '혐오'가 바로 정상성을 조정하고 있는 것이다. 만일 혐오라고 하는 스위치가 없으면, 우리는 어디까지 이상이 될지 모른다.

"통상적으로 이들 힘은 성기 자체 앞에서는 정지한다. 그러나 이성의 성기도 그 자체 혐오의 대상이 될 수 있으며, 또 그런 거동이 모든 히스테리증의 사람(특히 여성)을 특징짓는 것의 하나인 것은 의심의 여지가 없다. 성 충동의 강함은 종종 이 혐오를 극복하게끔 작용하는 것이다"(앞의 책).

성 충동은 당연히 혐오감이 있는 것에 대해, 혐오감을 극복함으로써 성립한다고 프로이트는 말한다. 혐오감이 없다면, 이를테면 남성은 모든 여성에 대하여 성 충동을 느낄지도 모른다. 그런 사태가 일어나지 않는 것은 '혐오'가 작용하고 있기 때문이다.

프로이트는 다시 또 하나의 성적 이상의 물신숭배(物神崇拜, fetishism)에 대하여 말한다.

"성 대상의 대상(代償)이 되는 것은, 일반으로 성적인 목표로는 매우 부적당한 신체 부위(발, 모발 등), 또는 성의 대상이 되는 인물, 특히 그 사람의 성욕과 관계가 있다는 것이 입증될 수 있는 무생물(의복, 속옷 등)이다. 이 대상이, 미개인이 자기의 하느님이 몸을 입고 나타난 것이라고 여기는 물신(fetish)과 비교되는 것도 반드시 부당한 것은 아니다(앞의 책).

유아성욕의 의미

프로이트가 드는 보기는 어느 것이나 심하고, 몹시 추한 것이지만, 그는 그런 경우에도 언제나 정상과 이상이 어떤 시스템에서 생기는지를 논하려고 했다. 그 결과 다다른 것이 유아의 행동이었다.

"갓난아이는 성적 충동의 맹아를 가지고 태어나며, 이 맹아는 얼마동안 계속 자라지만, 얼마 안 있어 점점 커지는 압박에 굴하고, 이 압박 자신이 다시 성적 발달의 정규적인 진출로 해서 깨어져 부스러지고, 개인적인 특성에 의하여 방해받는다. 이 흔들리는 발달과정의 법칙성과 주기성에 대해서는 아무 것도 확실하게 알려진 것이 없다. 그러나 소아의 성 생활은 대개 서너 살쯤에 관찰하기 쉬운 형태로 나타나는 것 같다"(앞의 책).

프로이트가 유아의 어떤 것에 주목했는가 하면, 유아가 손가락을 빨거나, 닥치는 대로 핥는 행위였다. 거기서 볼 수 있는 끈적끈적한 것, 또는 일정한 리듬 등에 성적인 것이 있다고 생각한 것이다. 이 생각이 당시 사람들의 신경에 거슬렸을 것은 상상하기 어렵지 않다. 천사같이 귀엽다고 형용되는 유아를 성욕의 원형으로 보았으니 무리도 아니다.

그는 성적인 것의 원형이 유아기에 확실히 있고, 그것이 억압되었다 다시 싹트는 과정에서 장애가 제거되어, 보통의 성욕이 되는 것인지도 모른다고 생각했던 것이다.

"후년의 개인적인 교양이나 정상성에 대해 매우 중요한 의의를 갖는 이 구성은, 어떤 수단으로써 이루어지는 것일까? 아마도, 소아의 성 충동 자체를 희생으로 해서 이루어지고, 그리하여 그 성 충동의 흐름은 이 잠재기에도 멈추지 않겠지만, 그러나 그 에네르기는 성적인 사용에서 빗나가 다른 목적으로 향한다.…승화(昇華)라고 해야 마땅한 과정이지만, 이것으로 말미암아 모든 문화적인 일을 성취하는 강대한 힘의 성분을 얻는다고 생각하는 점에서 문화사가들은 일치하고 있는 것 같다. 그러므로 우리는 이와 똑같은 과정이 각각의 개인 속에서 일어나고 있다는 것을 부언하고, 그 시작을 성적 잠재기로 옮겨 놓을 것이다"(앞의 책).

이것은 프로이트의 승화 이론으로서 유명한 것이지만, 결국 성적인 에네르기가 다른 분야에 사용되고, 그럼으로써 인간의 문화가 이루어졌다는 것이다. 더 나아가 그것은 개인의 창조적인 행위에도 관계가 있다고 한다.

흥미로운 것은 여기서 프로이트가 성적인 에네르기가 '에네르기 보존 법칙'에 따른다고 생각했다는 것이다. 남성이 여성에 대해 갖는 성 충동과 남성이 남성(동성)에 대해 갖는 성 충동이 동일한 에네르기의 변용이라고 생각된다면, 유아기의 성욕이 사춘기의 성욕으로 변용된다고 생각되는 것은 당연할지도 모른다. 사

춘기에 새로운 성욕(에네르기)이 호르몬 분비에 의하여 발생한다
고 생각했다면, 프로이트의 학설은 성립되지 않았을 것이다.

복류수(伏流水)형의 구조

유아기에 볼 수 있었던, 말하자면 '이상한 성욕'이 잠재기를 거
쳐 점점 '정상적인 성욕'이 된다는 생각은 프로이트 이론의 중심
을 이루고 있다. 곧 모든 사람은 어린이로부터 어른이 됨으로써
이상으로부터 정상이 되는 것이다.

작은 이성이 큰 이성으로 되는 것이 아니라, 어린이와 어른은
어떤 의미에서 역전하고 있는 것이라고 프로이트는 말한다. 그러
므로 어린이가 하는 짓을 어른이 하면, 그것은 이상으로 간주된
다. 그 길을 자칫 잘못 가면, 우리는 유아가 가지고 있던 '이상'을
어른이 되어서도 가지고 있게 된다. 그것이 이상 성욕이라고 그는
설명한다.

프로이트는 의사였으므로 이런 이론을 정신이상을 치료하는데
활용하려고 했던 것이 확실하다. 더욱이 치료로서의 정신분석학
은, 흥미롭게도 당시의 일반적인 의학보다 낡은 시대의 유럽의 치
료법과 유사했다.

프로이트의 치료법은, 말하자면 압박되어 있는 것에 창문을 열
어주는 방법이었는데, 이것은 네 가지 체액을 바탕으로 병을 생각
하고, 체액을 빼주는 것을 치료의 바탕으로 했던 근대 이전의 체
액설과 비슷했다. 물론 프로이트가 근대 이전의 의학으로부터 정
신분석학을 만들어낸 것은 아니지만, 그 부합에는 역시 흥미로운
점이 있다.

이를테면 사람의 기분이 언짢아지는 경우, 체액설은 '내가' 기분이 나빠지는 것이 아니라, '내 속의 체액의 영향으로' 기분이 나빠지는 것이라고 했다. 프로이트의 경우에도, '나'가 아니라 '초자아'(超自我)가 사람을 좌우한다고 생각했다. '참 자기'는 욕망을 지배하고 간섭·검열한다. 이 '초자아'는 양심이라든지 이성과 비슷하다.

철학사를 돌이켜보면, 이성이 참 자기가 아니고, 그 배후에 욕망을 앉혀 놓고, 그것이 참 자기라고 주장한 쇼펜하우어, 니체 그리고 셸링(Friedrich W. J. V. Schelling, 1775~1854)에 가까운 생각이 프로이트에게는 흘러들어가 있다. 그러나 동시에 초자아란 모습으로, 이성이라든지 양심이라는 생각과 비슷한 것을 들여놓고 있다.

프로이트는 마음속에서 펼쳐지는 역사나 드라마가 우리가 합리적으로 생각하는 것과는 전혀 다른 상징적인 연관이라는 것을 그려냈다. 그것은 본인은 잊고 있는데, 잠재의식에 각인되어 있는 기억이기도 하다. 마음속의 역사라고 하는 미지의 영역에 인류의 눈을 뜨게 했다.

제3장

내면성의 엄밀한 기술(記述)

후설: 의식내재주의의 원류
하이데거: 서유럽의 정신사적 운명
사르트르: 결단과 연대의 틈새
레비나스: 타자와의 관계의 마지못함을 응시함

후설: 의식내재주의의 원류

프로이트(1856~1939)가 살았던 시대는 그대로 에드문트 후설 (Edmund Husserl, 1859~1938)이 산 시대와 겹친다.

후설은 현상학이라고 하는, 궁극적으로 모든 사물에 기초를 두는 방법론을 탐구하기 위해, 여러 가지 시도를 했으며, 언제나 출발점으로 돌아와 다시 시작하는 일을 되풀이했다. 거기에 구도자의 모습이 있다.

그러나 그 때문에 그는, 스스로 계속 새로운 방법을 개척하지 않으면 안 되었다. 이것은 언뜻 보아 성실한 자세 같지만, 만약 처음에 생각했던 방향과 마지막에 다다른 지점이 틀리다면 어떨까?

K. 뢰비트(Karl Löwith, 1897~1973)가 쓴 바에 따르면, 후설은 학생에게 재주를 과시하는 듯한 태도나 호언장담을 삼가도록 타일렀다고 한다. 그리고 그의 질문에 대해서는 '고액권이 아닌 잔돈으로 치를 것'을 학생에게 요구했다. 후설의 이런 태도는 '사태 그 자체로'라는 표어에 잘 나타나 있다. 그는 사태에서 유리된 말이 혼자 걸음을 하고 있는 것 같은 철학이 아니라, 사태에 확고하게 뿌리내린 철학을 겨누고 있었다.

후설은 자기가 긴 생애를 통해 일관된 태도를 유지했다고 생각했다. 그러나 그는 틀림없이 목적했던 지점에 도달한 것은 아니었다. 그런 의미에서 그의 철학 자체는 이미 도중에 파탄하고 있었다.

그 파탄의 이유는 프로이트의 경우와 같다. 의식 내면을 기술(記述)할 때 그 객관성을 보증해 주는 것이 없다. 프로이트의 기술은 가끔 황당무계한 억지로 보인다. 후설의 경우는 그가 자기의 내성(內省)에 의하여 관찰된 것이라고 생각한 구도가 실은 앞 시대의 철학자의 불충분한 모방의 수준에도 이르지 못하고 있다. 그러나 프로이트도 후설도 자기의 기술이 의식 내면의 구조라고 하는 이야기를 창조하고 있는 것은 아닐까 하는 의혹을 품지 않았다.

사 태 자 체 로

후설은 '사태 자체로'라는 슬로건을 내걸었다. 이 '사태'란 무엇이었을까? 그에게는 사태란 결코 물리적인 성질이나 화학적인 성질의 것이 아니다. 오히려 후설은 물리학이나 화학 같은 학문이 성립되는 근저에 그것들을 받치고 있는 의식이 있으며, 이 의식과 관계되는 현장이야말로 우리가 근거로 해야 하는 '사태'라고 생각했다.

"우리가 대상과 직접 관계를 갖는 것은 (경험, 사고, 의욕, 가치 부여 등의) 여러 체험에서이다. 우리는 그 모든 체험에 시선을 돌리고, 체험 그 자체를 대상으로 삼을 수 있다. 우리가 그 어떤 관계를 갖는 것은 모두 여러 가지 체험 방식 가운데서만 스스로 우리에게 나타난다는 것이 밝혀진다. 따라서 그들 체험은 현상(現象)이라고 불린다. 체험에로 시선을 돌리고, 체험을 순수하게 체험 그 자체로서 경험하고 규정하는 것, 이것이 현상학적으로 보는 태도이다(《百科草稿》, 立松弘孝 編著 《후설》, 平凡社).

후설의 기본적인 방법이란, 이를테면 내가 여기 있는 커피 잔을 고찰하려고 할 때, 커피 잔을 체험하고 있는 나의 의식 상태로 눈을 돌린다는 것이다.

커피 잔이라고 하는 물건에 내 관심이 향해 있다. 그러나 물건에 관심을 향하고 있는 체험 자체로 시선을 돌려 체험 자체를 대상으로 할 것을 후설은 요구한다. 그리고 그러한 체험 가운데 모든 지식의 근원이 포함되어 있는 것으로 그는 생각한다.

이런 생각은 우리에게도 낯선 것이 아니다. 이를테면, 영어 단어를 모를 때 사전을 펴고 조사한다. 영어 단어에 대응하는 우리말을 찾는다. 이것은 자기가 더 잘 알고 있는 우리말 지식으로 바꾸는 일이다. 곧 우리가 무엇을 이해한다고 하는 행위는 우리가 더 잘 알고 있는 장면으로 바꾼다고 하는 것이다. 그 때, 문제가 되는 것은 가장 잘 알려져 있는 궁극적인 것이 무엇이냐고 하는 것이다.

후설의 현상학의 배경에는, 우리가 가장 잘 알고 있는 것은 실은 자기 자신의 자아라는 생각이 숨어 있다. 의식 현상이라는 장면으로 바꿔 놓으면, 모든 지식의 근원에 이를 수 있다. 의식 현상이야말로 우리가 가장 잘 알고 있는 것이라고 하는 것이다. 이 생각은 만년의 저작에서도 바뀌지 않았다.

"우리에게 그리고 생각할 수 있는 한의 어떤 주제에 대해서도, 현실로 존재하는 것으로서 타당한 모든 존재자는 주관과 상관적

이며, 본질 필연적으로 그 존재자에 대한 체계적인 다양성의 지표
이다"(《위기》).

심리주의 비판

물론 이 전제는 의심하려 들면 한이 없다. 프로이트는 이미 심
층심리를 탐구함으로써 잠재의식에 눈을 돌리고 있었지만, 심층
심리의 내용을 끄집어내는 방법을 개발하고 있었던 것은 아니다.
더욱이 가족의 유전적인 구조 같은 것은 의식의 차원에서는 이해
할 수 없다. 프로이트가 자기의 방법을 의심하지 않았던 것처럼,
후설도 "마음에게 마음이야말로 가장 잘 알려져 있다"는 이 전제
를 의심한 흔적이 없다.

"현상학은 모든 인식의 '근원', '어머니들'의 학이다. 현상학은
모든 철학적 방법의 어머니인 대지이다. 모든 철학적 방법은 이
대지와 이 대지에서 이루어지는 연구로 돌아간다"(《이덴》).

그가 이렇게 말했을 때, 자기야말로 가장 확실한 철학의 길을
걷고 있다고 믿었던 것으로 생각된다. 그러나 '의식의 경험으로
바꿔 놓으면, 모든 인식의 근원이 밝혀진다"는 생각은 이미 19세
기의 독일관념론이 다다른 막다른 골목길이기도 했다.

우선 후설은, 인간의 지식에서 무엇이 가장 기본적인가, 또는
무엇을 해명하면 참으로 인간의 지식을 해명한 것이 되는지를 탐
구했다. 그는 학문의 뼈대가 되는 것을 의식으로부터 해명할 수
있는지 어쩐지를 문제삼았다. 곧, 논리학을 어떻게 기초지울 수
있는가에 매달렸던 것이다.

"학적 인식의 방법론, 기술론(技術論)으로서의 논리학―그 권리

는 물론 침범되는 것은 아니지만—에 대한 이 이론적인 학의 관계는 측량술에 대한 순수기하학의 관계와 비슷하다고 생각된다. 논리학적 기술론의 가장 본질적인 이론적 토대는, 인식의 심리학—물론 이것도 고려되기는 하지만—에서가 아니라, 순수논리학에서 찾아지는 것이다.

순수논리학은 이데아적인 의의(意義) 카테고리의 의미에 순전히 기초하는, 곧 모든 학의 공유재산인 근본적인 뭇 개념에 기초하는 이데아적인 뭇 법칙과 이론의 학문적 체계이다. 이러한 근본적 뭇 개념이 모든 학의 공유재산인 것은, 이들 개념이 객관적 관점에서 일반으로 학을 학이 되게 하는 것 곧, 이론의 통일을 가장 일반적인 방법으로 규정하기 때문이다. 이 의미에서 순수논리학은 학 일반의 이데아적 '가능성의 조건'에 대한 학이거나 이론이라고 하는 이념의 이데아적 구성 요소에 대한 학이다"(《논리학 연구》).

요컨대 학문 설계도의 기초가 되는 논리적인 것이 있고, 다시 그것의 기초는 심리적인 것이 아니라 순수논리학이라고 하는 것이다. 그에 의하면 심리학은 심리적인 것을 마치 물건을 다루듯이 고찰한다. 그러므로 심리학은 논리학의 기초가 될 수 없다.

한편 논리에 관한 우리의 의식상태를 엄밀하게 고찰하고 기술한다면, 그것을 통해 물리학, 화학 같은 자연과학에서 사용되는 논리가 정초(定礎)된다. 그것이 후설이 말하는 순수논리학이다.

판단정지와 현상학적 환원

여기서 후설이 '이데아적 구성'이란 말을 쓰고 있는데 주목하려고 한다. 이 '이데아'란 플라톤 이래의 생각이며, 플라톤은 모든 사물 안에 영원한 본질이 들어 있다고 했다.

지금은 플라톤의 이데아적인 것이란 피타고라스가 생각했던 수적 세계의 질서 같은 것이라고 말해진다. 피타고라스는 세계 전체가 수의 구도로 되어 있으며, 우리의 현실 세계는 그 수적 세계의 닮은꼴에 지나지 않는다고 생각했다. 플라톤도 우리는 태어나기 전에 수적이며 순수한 이데아의 세계를 경험하고 있지만, 태어날 때 그 체험을 잊어버린다고 설명했다.

이를테면, 여기에 펜이 있다고 하자. 이 펜은 축의 부분과 캡 부분으로 나누이지만, 그래도 여전히 펜이다. 왜냐하면 펜이라는 이데아가 있기 때문이다. 어떤 사물이 하나의 이념에 의하여 통일된다. 그 이념이 이데아인 것이다.

후설이 모든 학문의 원형이 되는 '이데아'라고 할 때, 염두에 두었던 것은 당시의 수학이나 기하학, 논리학이었다. 그러나 그것을 밝히는 실마리는 의식의 지향성(志向性)에 있다고 그는 생각했다.

어떻게 하면, 우리는 순수한 의식의 경험으로 돌아갈 수 있는 것일까? 그는 '판단정지'라는 것을 제창한다.

이를테면, 내가 창문에서 뜰의 나무를 바라보고 있다고 하자. 나는 그 나무가 일정한 거리에 실재한다고 생각하지만, 실은 나는 여러 가지 생각을 그 나무에 던져 넣고 있다. 그러므로 내가 보고 있는 나무는 순수한 경험 그 자체가 아니고, 과거의 경험 등을 포함한 나무인 것이다. 순수한 경험을 얻으려면, 그 생각을 뺄 필요가 있다.

이 생각의 바탕이 되어 있는 태도를 후설은 '자연적 태도'라고 한다.

"자연적 태도의 본질에 속하는 일반 정립(定立)을 작용시키지 않고, 일반 정립에 의하여 그 존재가 정립되어 있는 모든 것을 괄호에 넣는다. 괄호에 넣는 것은 언제나 '나에게 있어 지금 거기에 존재' 하고 있는 자연적 세계의 전체이다. 괄호에 넣어도, 이 자연적 세계는 변함 없이 의식에 나타나는 현실로서 계속 존재할 것이다. 나의 완전한 자유의지에 의하여 이와 같이 괄호에 넣는다 해도 나는 소피스트처럼, 이 '세계'를 부정하는 것도, 회의론자처럼, 이 세계의 현존재를 의심하는 것도 아니다"(《이덴》).

이를테면, 만약 내가 창문 밖의 나무를 의식이라는 카메라로 찍고, 필름만 남겼다고 하자. 그러면, 이 나무라는 것이 썩어 없어져도 영상은 남는다. 나의 그 나무에 대한 체험의 흐름은 필름 속에 보존된다. 이 때, 나무가 존재하느냐 존재하지 않느냐는 문제가 안 되며, 나에게 어떤 인상이 주어졌는가 하는 것만 문제가 된다. 이 체험의 흐름을 순수하게 끄집어내는 조작이 후설의 '현상학적 환원'이다.

'생활세계'의 탐구

후설은 이 '현상학적 환원'을 "그의 절대적 고유 존재에서의 순수 존재에 탐구의 눈초리를 돌린다"고도 표현하고 있다. 마음에 나타나는 존재 방식을 있는 그대로 빨아들이듯이 바라보는 방법—그렇게 바꿔 말해도 틀리지는 않을 것이다.

그런데 이렇게 해서 순수한 경험의 상(相)이 나타났다고 하자. 그러면 거기엔 무언가 본질적인 것이 보이는 것인가? 이 초월론적 현상학은 사실학(事實學)이 아니고 본질학(本質學)으로서 기초 지어질 것이다. 곧 오로지 '본질인식'만을 확립하려 하고, 어떠한 '사실'도 전혀 확립하려고 하지 않는 학으로서이다"(《이덴》).

후설은 이와 같은 생각을 줄곧 품어 올 수 있었을까? 사실대로 말하자면, 의식의 현상을 죽 지켜보고 있어도 거기에서 이데아적 본질이 스스로 나타나는 일은 있을 수 없다. 결국 후설은 여러 가지를 시도하면서 조금씩 관점을 옮겨갔는데, 그 자신에게는 그런 자각이 없었던 것 같다.

만년에는 근대 과학에 대한 의문을 현상학적으로 밝히는 시도에 매달렸다. 유명한 《유럽의 학의 위기와 초월론적 현상학》이다.

"물리학 또는 물리학적 자연의 발견자인 갈릴레이는―그의 선구자들을 공정하게 대접하려면, 그들의 일을 완성한 발견자라고 해야 하지만― 발견의 천재인 동시에 은폐의 천재이기도 하다.… 그는 직관적 세계의 보편적 인과성(직관적 세계의 불변의 형식으로서의)에 대하여, 그 때부터 대수롭지 않게 인과법칙이라고 불리고 있는 바의 것, 곧 '참된'(이념화되고: idealisiert, 수학화된) 세계의 '아프리오리한 형식'을 발견하고, 이념화된 '자연'의 모든 생기(生起)가 정밀한 법칙에 따르지 않으면 안 된다고 하는 '정밀한 법칙성의 법칙'을 발견했다. 이 모든 일이, 발견인 동시에 은폐이기도 한 데, 우리는 오늘에 이르기까지 이것들을 무조건의 진리로 여기고 있다."

갈릴레오는 확실히 근대 과학을 만들었다. 그러나 그것은 세계 전체가 경험하기 이전의 순수한 이데아적 형식으로 이루어져 있다는 거짓말을 만드는 것이었다. 그리하여 후설은, 다시 한번 본래의 것으로부터 분명히 해나가자고 하는 것이다.

"생활세계와 객관적·과학적 세계와는 물론 어떤 관계에 있긴 하지만, 다른 것이라고 생각되고 있었다. 객관적·과학적 세계에 대한 지(知)는 생활세계의 명증에 '기초하고 있다.' 생활세계는 과학의 연구자 또는 연구 공동체에 대하여 미리 지반(Boden)으로서 주어져 있는 것이다. 그러나 그 지반 위에 세워진 것이긴 해도, 세워진 것은 새로우며, '지반'과 다른 것이다"(앞의 책).

이렇게 후설은 과학의 기초가 되는 생활세계를 밝히고, 이 생활세계로부터 거꾸로 과학을 해명해 가려고 했다. 그러나 이 '생활세계'는 순수한 경험세계를 끄집어낸다는 그의 방법론과 일치하는 것일까?

후설의 손자 제자 뻘되는 한스 게오르그 가다머는 '생활세계의 학'이란 작은 논문에서 "생활세계라는 테마는 거기서부터 후설의 초월론적 사유방법의 틀을 날려 버리는, 하나의 혁명적인 폭발력을 가지고 있다."(《철학예술언어》, 齊藤 외 옮김, 미래사)고 말하고 있다.

얄궂게도, 만년이 되어 시도된 생활세계의 고찰은 "의식에게는 의식 현상만이 가장 잘 알려져 있다"고 하는 후설의 전제 자체가 물음에 붙여진 것이었다.

하이데거: 서유럽의 정신사적 운명

하이데거(Martin Heidegger, 1889~1976) 후설의 방법을 써서 독자적인 철학을 만들어낸 사람이다. 20세기 최고의 철학자가 누구냐고 물으면, 마르틴 하이데거를 드는 연구자가 많다. 그만큼 그는 현대철학 중에서도 걸출한 철학자이며, 또 여러 가지 의미에서 유명한 인물이기도 하다.

하나는 하이데거가 나치즘에 가담했다는 사실이 여러 연구에 의하여 밝혀진 것이다. 그의 나치즘에의 기울어짐은 세상 모르는 학자가 어쩌다 정치에 말려들어 대학의 총장을 맡게 되었다는 정도의 것이 아니다. 하이데거는 주체적으로 참가한 진정한 나치당원이었던 것이다. 더욱이 대전 후에 그 일이 문제되었을 때, 지식인으로서는 있을 수 없는 부끄러운 태도로 변명했다는 것도 밝혀졌다.

또 하나는, 유대인 여성 철학자로 《전체주의의 기원》을 쓴 한나 아렌트(Hannah Arendt, 1906~1975)와 하이데거가 실은 연인 사이였다는 사실이 알려진 것이다. 아렌트는 젊었을 때 하이데거에게 사사했는데, 이 때 두 사람은 사랑에 빠졌다. 나치즘을 둘러싸고

완전히 적대적인 입장에 있던 두 사람이, 일찍이 연애관계에 있었
다는 사실은 여러 가지 흥미를 자아냈다.

하이데거에게 직접 가르침을 받은 사람들의 이야기가 남아 있
지만, 그들은 이구동성으로, 하이데거를 한 번 만난 것만으로 전
기에 감전된 것과 같은 충격을 받고, 여기에 진정한 철학자가 있
다는 감을 받았다고 한다.

하이데거가 강한 사고력과 모종의 내면적인 힘을 가진 철학자
였다는 것은 틀림이 없을 것이다. 그러나 그런 반면에 그는 몹시
속악한 세속적인 얼굴을 보일 때가 있다. 하이데거에게는 서로 모
순되는 것 같은 이 두 개의 면이 동시에 존재하고 있다.

《존재와 시간》의 철학

하이데거의 철학은 흔히 '존재에 대한 물음'이라고 한다. 그에
의하면, 보통 우리가, 이를테면 "이 시계는 금속제이다." "책상은
나무로 되어 있다"라고 말하는 것은 '존재에 대한 물음'이 아니다.
그것은 '존재자에 대한 물음'에 지나지 않는다. 여기에 시계가 있
고, 그것이 금속으로 되어 있으며, 지금 몇 시를 가리키고 있느냐
고 하는 것 따위는 시계라고 하는 '존재자'(存在者, Seiendes)에 대
한 물음에 지나지 않는다. "그것은 시계이다"든지, "가벼운 것이
다"든지, 여러 가지의 "x이다"를 모은 것이긴 하지만, "시계가 있
다", "책상이 있다"라는 의미에서의 "x가 있다"라는 의미로서의
'존재'에 대해서는 아무 말도 안하고 있다.

그러나 우리가 일단 존재자의 양상(樣相)을 떠나서, 시계가 '있
다'는 데 정신을 모아 주목한다면, 거기에서 놀라운 것을 알게 된

다. "어떤 것이 '있다'는 말에 미처 다 헤아릴 수 없는 그 무엇이 있는 것이다.

하이데거가 참된 의미에서 존재라고 생각했던 것은 다름 아닌 '인간존재'였다. 이를테면 돌이 있다, 개천이 있다고 할 때, 그 '있다'는 말의 근원까지 생각하면, 거기에는 헤아릴 수 없는 어려움이 있지만, 그 어려움의 비밀을 묻는 것은 인간존재 뿐이라고 하이데거는 생각한다.

하이데거는 인간존재를 '현존재'(Dasein)라고 하는데, 현존재라는 말을 인간존재의 의미로 쓴 것은 하이데거가 처음이다.

"현존재자는 한갓 다른 여러 존재자 사이에 생기는 하나의 존재자가 아니다. 오히려 현존재는 이 존재자에게는 자기의 존재에서 이 존재 자체가 물어지고 있다는 점에서 존재적으로 두드러져 있다"(《존재와 시간》 서론).

이 말은 다음과 같이 해석될 수 있다.

의식이 있는 인간(현존재자)은, 한갓 책상이라든가 시계와 같은 다른 존재자 사이에 나타나는 하나의 물(物)(존재자)이 아니다. 오히려 깨어 있는 의식(현존재)은 이 인간(존재자)에게는 "x가 있다"는 무엇인가라고 물을 수 있는 존재이다(자신의 존재에서 이 존재 자체를 묻고 있다)는 점에서, 그의 존재 자체가 다른 존재자와 달리 (존재적으로 두드러져) 있다.

요컨대, 의식이 있는 인간은 "무엇 때문에 있는 것일까, 어디로 가고 있는 것일까"라고 언제나 의문을 느끼고 있다는 것—이 점에서 다른 존재와 구별된다.

실존하는 인간

인간에게는 말하자면 언제나 존재에 대한 의문의 소지(素地)가 있다. 바로 그것이 기분 속에서 가만히 있지 않고 언제나 잠재적으로 요동하고 있다. 그런 의미에서 '존재적으로 두드러져 있다'는 것이다.

이를테면, "한적함이여 바위에 스며드는 매미의 소리"라는 하이쿠(俳句)를 지은 바쇼(芭蕉, 1644~1694)에게는, 이 매미 소리와 바위의 존재가 세차게 다가오는 무서운 존재감을 가진 것임에 틀림없다. 그러나 매미도 바위도 존재의 비밀을 쥐고 있지 않다. 바쇼 만이 그의 존재에서 존재를 물을 수 있는 특권적인 존재인 것이다.

"현존재가 그것에로 이러저러한 태도를 취할 수 있고, 또 언제나 어떤 방식으로 태도를 취하고 있는 바로 그 존재를 우리는 실존(實存, Existenz)이라고 한다"(앞의 책).

우리는 언제나 어떤 태도를 취하고 있다. 다시 말하면, 지금 여기에 내가 있다고 하는 존재방식은 반드시 무엇인가를 염려하고 있는 존재방식이다. 그것을 하이데거는 실존이라고 불렀다.

이 실존은 독일어로는 Existenz인데, 접두사 Ex는 '나간다'는 의미를 가지고 있다. 성서에 있는 《출애급기》는 '엑서더스'(Exodus), 곧 탈출이란 뜻이다. 우리가 어떤 태도를 취하고 있는 것은 어디에론가 탈출해 간다 또는 초월해 가는 것이다.

하이데거는 실존을 이렇게 해석하는데, '그러나 또한'이라고 그는 말을 계속한다. "현존재에는 본질적으로 세계 안에 있는 존재라는 것이 속해 있다." 이것이 하이데거가 말하는 '세계-안-존재'

이며, 이처럼 인간을 '세계-안-존재'로 파악하는 것이 하이데거의 기본적인 존재파악인 것이다.

이 '세계-안-존재'는 '세속 안의 삶'이라든지 '시정 속의 삶'이라고 바꿔 읽어도 내용은 달라지지 않는다. 이 '세계'라는 것은 자연의 세계가 아니고, 차라리 세속적인 세계이다.

하이데거는 단지 '세계 안에 존재한다'기보다 '세계를 향해 살고 있다', 곧 태도를 자기가 정해 나간다고 하는 의미에서 '세계-안-존재'란 말을 쓴다. 세속 안에 외따로 놓여 있는 것이 아니라, 세속을 향해 자기 나름의 태도를 취하고 있다고 한다.

'죽음'을 선취하는 철학

그러나 우리는 이 세속 안의 존재임으로써 참 자기를 잃어버리고 있는 것은 아닐까? 아니, 차라리 참 자기 같은 것을 생각해본 일도 없다는 것이 일상적인 존재방식이다. '세계-안-존재'인 인간은 이 세계 속에 매몰되어, 다른 사람에 대한 우월감과 열등감에 사로 잡혀 있을지도 모른다.

그러나 한편 인간은, 언제나 자기의 존재방식에서 벗어나, 그것을 넘어 앞으로 나가는 성질을 가지고 있다. 인간의 존재는 본질적으로 선취(先取)적이라고 할 수 있다. 그것을 하이데거는 '선구적 결의성'이라고 한다. 인간은 언제나 앞일이 걱정이 되어 못 견딘다.

앞일을 걱정하고 있다는 것은 확실히 세속적인 존재방식이다. 그러나 그것이 바로 인간의 기본적인 존재방식이다. 우리는 장래를 생각하고 노후를 걱정한다. 그리고 그 미래의 끝에는 '죽음'이

기다리고 있다.

최근에는 임사(臨死) 체험이 화제가 될 때가 많다. 사체 이탈이나 저승으로 건너가는 강 같은 이야기도 있지만, 그러한 임사 체험 가운데 흥미가 있는 것은, 사람이 막상 죽을 때가 되면 그 때까지 살아온 것이 모두 보인다는 보고이다. 이것은 과연 무엇을 의미하는 것일까?

하이데거 식으로 말하면, 그것은 '죽음'이라는 미래의 한 시점으로부터 시간을 역 방향으로 보고, 지금 살고 있는 자기를 향해 자기를 파악하고 있다는 말이 된다. 선취된 '죽음'의 시점으로부터 자기를 다시 한번 되돌아보았을 때, 거기에 자기의 전체성이 보인다고 하이데거는 말한다.

이것은 유럽에서는 '메멘토 모리'(memento mori), 곧 '죽음을 기억하라'는 말로 표현되어 왔다. 우리는 참 나를 생각해 보지 않고, 매일 쓸데없는 일에 일희일비하며 살아가지만, 그런 인생에도 총결산의 때는 온다. 그것은 누구에게나 '죽음'이라는 형태로 온다는 그런 의미이다.

호이징하(Huizinga, 1872~1945) 같은 사람들이 지적하듯이, '메멘토 모리'는 그리스도교 이전부터 유럽정신을 지탱해온 커다란 문화적 요소인 것이다. 하이데거의 '선구적 결의성'은 이 '죽음을 생각하라'는 정신을 현대적인 철학 속에서 다시 표현한 것이라고 할 수 있다.

숲 속의 사색

하이데거는 이 인식에 서면, 인간은 참 자기를 돌이키고 거기로부터 존재의 의미가 보일 것이라고 생각했다. 그러나 《존재와 시간》은 제1부에서 중단되고, 더 써나가지 못했다.

주위 사람들은 하이데거에게 제2부가 언제 발표될 것인가를 물었으며, 많은 사람들이 기대하고 있었는데도 불구하고, 독일은 나치즘의 시대를 맞이했으며, 결국 《존재와 시간》은 미완의 책으로 남았다.

전후, 하이데거는 다시 사색으로 돌아왔지만, 그 무렵부터 그는 '전회'(轉回, Kehre)란 말을 되풀이하게 된다. 이 '전회'란 '방향을 바꾼다'는 의미로, 하이데거는 나치즘에 가담함으로써 거북해진 자기의 입장을 바꾸었다는 비판도 있었다.

하이데거의 초기 철학이 겨냥한 것은 후설의 현상학의 수법으로 인간의 내면성을 파악하고, 그것을 통해 존재의 비밀에 도달하려고 하는 것이었다. 그러나 이 '전회' 이후의 하이데거는, 그런 것은 단념해야 한다고 말한다. 차라리, 존재는 다 알 수 없다고 깊이 인식함으로써 거꾸로 존재에 다가가려고 한다.

그리하여 하이데거의 표현은 철학적이라고 하는 것보다, 문학적 또는 시인적인 것이 되었다. 이를테면 다음과 같은 말이 있다.

"인간은 존재자의 주인이 아니다. 인간은 존재의 목자(牧者)이다.… 인간은 목자의 본질적인 가난함을 얻는 것이며, 목자의 존엄은 존재 그 자체에 의하여 존재의 진리의 파수꾼으로 부름받았다고 하는데 있다"(《휴머니즘에 대하여》).

나는 존재의 비밀을 알 수 있다는 우쭐한 기분이 아니라, 알지는 못해도 거기에는 확실히 무엇인가 있다고 느끼는 것…곧, 어떤 존재의 근원으로부터 자기를 향해서 말을 걸어오는 것이 있으며, 그 부름을 참고 기다리는 겸허함이 하이데거의 만년의 경지라고 해도 좋을 것이다.

하이데거는 계속 말한다.

"이 부름은 던짐으로서 오며, 이 던짐에 현존재의 피투성(被投性)은 유래한다"(앞의 책).

지금 자기가 어쩌다 여기에 있다는 것, 곧 여기에 자기는 던져졌다고 받아들일 때, 그 던져진 자기가 어디서 나왔는지 생각해보라고 그는 말한다.

이 태도로 존재에 관계하는 것이 하이데거가 말하는 실존하는 인간이다. "인간은 존재의 역사를 따라 자기의 본질에서, 그 존재가 존재에로 몸을 열고—거기에 나서는 존재방식으로서, 존재 가까이에서 산다고 하는 점에 그 안목이 있는 존재자이다. 인간은 존재의 이웃이다"(앞의 책).

유럽문명이란, 존재 자체의 역사가 그렇게 만들어낸 것이다. 그 역사의 근원적인 존재방식을 기꺼이 받아들이고, 지금의 존재방식에서 한걸음 더 나가는 것이 인간의 존재방식, 곧 실존(Ex-sistenz, 탈출을 강조해서 -가 들어간다)이라고 하이데거는 말한다.

하이데거는 매일 숲을 산보했다고 한다. 깊은 숲을 걷고 있으면, 어떤 한군데만 갑자기 환해지는 곳이 있다. 그는 그것을 '숲 속의 열림'이라고 하는데, 바로 하이데거의 만년은 이러한 '숲 속의 열림'을 찾는 것이었다.

"모든 것에 앞서서 '존재해 있는 것'은 존재이다. 사색이란 것은 그 존재의, 인간의 본질에 대한 관계를 여물게 하고 달성하는 것이다. 사색은 이 관계를 만들어 내거나, 일으키지 않는다. 사색은 이 관계를 다만, 존재로부터 사색 자신에게 맡겨진 것으로, 존재에게 바치고 제공할 뿐이다. 이 내밀고 제출하는 일의 중요한

점은, 사색에서 존재가 말이 된다는 데 있다. 말은 존재의 집이다. 말로 된 집에 인간은 사는 것이다. 사색하는 자들과 시를 짓는 자들이 이 집의 지킴이들이다. 이 사람들은 존재의 개시성(開示性)을 자기네의 발어(發語)에 의하여 언어로 가져오고, 언어 가운데에 보존하는 셈이기 때문에, 그러한 그들의 파수는 존재의 개시성을 여물게 하고 달성하는 것이다"(앞의 책).

이와 같이 하이데거는 지극히 뛰어난 시인적 감성으로 존재를 지키는 삶을 우리에게 이야기하고 있다.

여러 가지 일이 현대에서도 일어났지만, 이것은 유럽문명을 낳고 있는 존재사인 것으로, 그것에 대해 좋다 나쁘다 한들 소용이 없다. 우리는 거기에 가만히 귀를 기울일 뿐이다. 하이데거는 그렇게 말한다. 그러나 어떤 의미로도 이보다 더한 변명은 없을 것이다.

하이데거는 사색에서의 근원적인 격렬함을 갖춘 사람인 동시에, 극히 세속적인 교활함도 가지고 있는 인물이다. 그러나 하이데거가 남긴 말에는 유럽문명을 해독하는 실마리가 숨겨져 있기 때문에, 그의 철학을 배우려는 사람이 끊어지지 않고 있다.

사르트르: 결단과 연대의 틈새

하이데거의 철학을 재빨리 자기 나름대로 소화하여, 하이데거가 겨냥하고 있었던 '존재사적 사색'과는 전혀 다른 방향의, 출구 없는 개인적 내면성의 방향으로 사색의 키를 잡고, 끝판에 이르러서는 마르크스주의에 접근하는 드라마를 연출해 보인 것이 장폴 사르트르(Jean Paul Sartre, 1905~1980)이다.

사르트르의 철학은 한때 붐을 이루었으며, '20세기 최고의 철학자'로 불리기도 했다. 그러나 이 영예로운 명칭은 어쩌면 도로 거두어질지도 모른다. 왜냐하면 그가 참으로 독창적인 철학자였는지가 실은 의심스럽기 때문이다.

확실히 사르트르는 하이데거나 후설의 철학에 참으로 멋있는 문학적 표현을 주었으며, 그 자체가 하나의 장르가 될 만큼 많은 작품을 남겼다. 또 자가(自家)의 철학 사상을 연극으로 표현하는 독특한 방법을 써서 크게 성공했다고 볼 수 있다.

그러나 사르트르의 철학이 어느 정도로 독창적이고 지속성이 있었느냐, 그리고 그의 실천이 어디까지 표리 없이 일관되어 있었느냐고 묻게 되면, 문제가 너무 많다고 하지 않을 수 없다. 사르트

르의 생애를 더듬어 보면, 그에 대한 평가는 많이 낮아지지 않을
수 없다.

사르트르의 실존과 존재

하이데거는 근대적인 자아 자체에 의문을 품고, 근대적 자아를
부정하는 방향으로 사색했다. 그러나 사르트르는 차라리 근대적
인 자아를 더 첨예한 형태로 순수하게 하고, 자아 속에 의식의 지
향성을 보고 그 지향성이 가장 기본적이라고 하는 방향으로 나갔
다. 곧 사르트르는 '실존을 통해 존재로'라고 하는 하이데거의 방
법을 '실존'만의 철학으로 만들어버린 것이다.

자아의 내발성(內發性)을 순화하면 어떤 일이 일어나는가? 그것
은 그가 쓴 소설 《구토》를 읽으면 엿볼 수 있다. 다음은 이 소설
의 주인공 로깡땡이 공원의 마로니에 뿌리를 보았을 때의 기술이
다.

"괴물 같은 연한 무질서한 덩어리, 무섭게 음탕한 벌거벗은 덩
어리만 남았다.…존재란 기억을 갖지 않는 것, 행방불명이 된 것
이다. 그것은 무엇 하나, 추억조차도 남기고 있지 않다. 도처에 얼
마든지 있으며, 남아도는 것이고, 언제나 어디에나 있는 존재—그
것은 존재에 의해서만 한정된다. …그것은 혐오할 만한 것이었다.
나는 이 부조리한, 부피가 있는 존재에 대한 노여움으로 숨이 막
힐 지경이었다.…나는 외쳤다. "어이 더러워, 어이 더러워." 나는
이 찰싹 달라붙은 오물을 떨어내기 위해 몸을 흔들었다. 하지만
오물은 요지부동이었다. 몇 톤도 더 되는, 몇 톤도 더 되는 존재가
무한히 거기에 있었다. 나는 이 헤아릴 수 없는 권태의 밑바닥에

서 숨이 막힐 것 같았다."

자아의 내발성에게 타자인 것, 자아의 내발성이 자기에게로 들여 넣을 수 없는 것은, 기분 나쁜 것으로 나타난다. 사르트르는, 이를테면 몸 주위에 있는 컵이든 성냥이든, 달라붙어 오는 것으로 받아들인다.

우리는 주위의 것을 보아도, 이와 같은 점착감(粘着感)에 사로잡히는 일이 없다. 우리를 덮치거나 휘감지 않는다. 그러나 사르트르의 '존재'는 더럽고 끈적끈적한 것이다. 사르트르에게 '존재'란 자아가 자기에게로 거두어들일 수 없는 것, 끈적끈적한 더러운 것이 된다. 이 존재관이 매우 독특한 것은 사실이다.

이 존재관에 바탕하여 그는 '존재'와 '의식'을 명확하게 갈랐다. '존재'는 달라붙는 것, 한없이 추한 것, 어두운 것, 이유를 알 수 없는 것이며, '의식'은 자기 자신에게 명백한 것이라고 한다.

사르트르는 프로이트의 무의식에 대해서도, 참으로 깨끗하게, "무의식이란 부조리이다. 무의식은 존재하지 않는다"고 단언했다. 곧 그에 따르면, 우리가 사물을 보거나, 듣거나, 느끼거나, 소원을 하거나, 욕망을 느끼거나 하는 의식의 형태는, 언제나 자기자신의 의식에 들러붙어 있으면, 자각과 언제나 병행하고 있다. 그런 감각으로 사르트르는 '의식'을 파악했다.

그의 말에 의하면, 의식이란 '그것이 있는 바의 것이 아니며, 그것이 아닌 바의 것인 존재'라고 한다. 의식이란, 언제나 지금의 존재방식에서 밖을 향해 탈출하려 하고 있다고 말해도 좋을 것이다.

자유이게끔 저주받은 존재

사르트르는 시인 프란시스 퐁즈(Francis Ponge, 1899~1944)의 '인간은 인간의 미래이다'를 즐겨 인용하고 "나의 미래는 순결하다. 모든 것이 허용되어 있다"라고 말했다. 이 말은 언뜻 보기에 매우 아름다운 인간의 희망을 말하고 있는 것 같이 받아들일 수도 있다. 그러나 실은 "인간은 언제나 현재로부터 단절된 미래의 무(無)로 향해 있다"는 의미이기도 하다.

인간은 언제나 무에 직면하고 있으며, 무 앞의 결단을 요청받고 있다. 사르트르의 말로 하면, "자유라고 함은 자유이게끔 저주받고 있는 것이다." 곧, 인간은 언제나 이것이냐 저것이냐의 선택 앞에 서 있으며, 그것이 인간의 근원적인 존재 방식이라는 것이다. 이런 생각은 키에르케고어의 저작에서 배운 것이다.

그러면 인간의 본질은 어떻게 되는 것일까? 인간의 이성은? 인간이 신체에 의하여 구속받는 측면은 어떻게 생각해야 할 것인가? 사르트르에 의하면, 인간은 자기의 의식에 의하여 만들어가는 가치만으로 이루어져 있다. 따라서 인간은 완전한 제로 상태에서 자기가 결단함으로써 존재하고 있다.

그의 표현에 의하면 "실존은 본질에 앞선다"고 한다. 인간의 이성, 신체적인 특징에 근거한 것, 사회적 신분에 따르는 것 등, 본질이라고 여겨졌던 것이 무로 돌려지고, 자기가 결단한 것만이 자기를 형성한다.

"페이퍼 나이프에 관해서는, 본질─곧 페이퍼 나이프를 제조하고 페이퍼 나이프를 정의할 수 있기 위한 제법이나 성질의 전체─은 실존에 앞선다고 말할 수 있다.… 하느님이 창조하는 경우,

하느님은 자기가 무엇을 창조하는지를 정확하게 알고 있다.…인
간은 우선 먼저 실존하고, 세계 안에서 만나고, 세계 안에서 느닷
없이 모습을 나타내고 그 다음에 정의된다. 인간은 나중에 비로소
인간이 된다. 인간은 자기가 만든 바의 것이 된다. 인간의 본성은
존재하지 않는다. 그 본성을 생각하는 하느님이 존재하지 않기 때
문이다"(《실존주의는 휴머니즘이다》).

　사르트르에 의하면, 인간은 자기의 의지에 의하여, 언제나 자기
자신을 만들어가는 것이다. "인간은 그 자신의 기획(projet) 이외
의 아무 것도 아니다"(앞의 책). 기획이란, 자기가 무엇인가를 계
획하는 것으로, 돈을 벌기 위한 투기나 사업 계획과 같은 의미가
된다. 곧, 인간은 자기의 결단에 의하여 세계에 관계하고, 세계에
의미를 부여하는 존재 이외의 아무 것도 아니다.

　"인간은 조직화된 상황 속에 있으며, 그 자신 그 속에 앙가제
(engager＝참가, 속박)되고, 자기 자신의 선택에 의하여 인류전체
를 앙가제한다"(앞의 책).

　인간은 어디서 언제 누구의 자식으로 태어났느냐는 것으로, 그
사람의 세계에 대한 관계 방식이 정해지는 게 아니라, 언제나 제
로의 지점에서 자기가 관계 방식을 정한다. 인간은 한 잔의 물을
마심으로써도, 세계 전체에 대한 태도를 결정할 수 있다고 한다.

자아에게 있어서 타인

　언제나 기획에 의하여 성립되는 인간, 언제나 무엇엔가로 향하
고 있는 인간. 이와 같은 자아에게 '타인'은 어떻게 나타나는 것
일까?

"내가 질투에 쫓겨서, 흥미에 이끌려, 또는 나쁜 버릇에 빠져, 문에 착 귀를 대고, 열쇠 구멍으로 안을 들여다보고 있는 장면을 상상해보자.···나는 나의 행위들을 무엇엔가로 돌리고, 그렇게 함으로써 나의 행위들을 성격지울 수는 없다. 나의 행위들은 결코 인식되는 것이 아니다. 반대로 나는 나의 행위들이다"(《존재와 무》).

따라서, 이 때 "나는 엿봄"이라고 할 수밖에 없다.

"그런데 갑자기, 복도에서 발소리가 들려 왔다. 누군가가 나에게 눈초리를 보내고 있다.···나는 갑자기, 내 존재에 있어서, 덮쳐진다. 본질적인 변용이 나의 구조에 나타난다"(앞의 책).

들켰다고 생각한 순간, 내 존재는 변용된다고 사르트르는 말한다. 곧 지금까지 '보는 자'였던 내가 '보여지는' 것이 된 것이다. '보는' 것이었던 나는 '타인에 대해 확고한 자세를 취하고, 타인 쪽으로 자기의 의지를 보내고 있다.

그러나 '보여지는' 것이 되었을 때, 자기의 존재는 점점 줄어들어 욕탕의 물을 뺐을 때의 물이 된 것 같은 감압(減壓) 감각을 경험한다고 사르트르는 말한다. 이 감압 감각에 의하여 타자가 나에게 나타난다. "나의 존재의 무란, 타자의 자유이다."

이렇게 해서, 사르트르는 자기와 타인 사이를, 서로 사랑하거나 서로 느낀다고 하는 공감을 부정하고, 보느냐 보여지는가, 또는 먹는가 먹히는가와 같은 모양으로 파악하려고 했다. 희곡 《출구 없음》의 주인공 갈쌩은 종막 가까이에서 다음과 같이 말한다.

"놈들은 알아차리고 있었던 거야. 내가 이 난로 앞에 서서, 이 동상을 어루만지며, 모두의 시선을 받는다는 것을. 나를 집어삼킬 모두의 시선···그렇다면, 이것이 지옥이란 말인가? 이렇다고는 생

각하지 않았다.…유황 냄새, 화형대, 석쇠…정말 웃긴다. 석쇠 따
위가 있을 게 뭐야! 지옥이란 타인이다."

이 "지옥이란 타인이다"란 말이 사르트르의 '타인'에 대한 견
해를 단적으로 나타내고 있다고 하겠다.

만년의 사르트르

이와 같은 사르트르의 '타인'에 대한 파악에는, 그가 일찍이 매
우 심한 대인 공포증의 어린이였다는 배경이 있다. 그러나 동시에
또한, 하이데거나 사르트르를 배움으로써, 자아가 보이는 지향성
을 추구한 결과, 타자라는 것은 자기 존재의 감압을 가져오는 '눈
초리'라는 생각에 다다랐다고 할 수도 있을 것이다.

그런데 사르트르는 만년에 이르러, 이 자아와 타자의 심한 상극
이라는 관점을 마치 내어 던진 것 같은 태도를 취하게 된다. 사망
얼마 전에 주고받은 대담에서 그는 다음과 같이 말했다.

"나에게는 결합한 인간이 필요한 것이다. 혼자로는, 또는 뿔뿔
이 흩어진 몇 개의 단위로는 사회를 흔들어 해체시킬 수 없을 것
이기 때문이지. 싸우는 사람들의 집단을 상정할 필요가 있어"(《지
금, 희망이란?》).

이처럼 사르트르는 연대를 강조한다. 연대를 제창한다는 점에
서는, 그의 좌익성을 나타내고 있는 것 같이도 보인다. 하지만 그
것은 과연 사르트르의 실존철학과 일치하는 것이었을까? 이것에
대해서는, 사르트르와 생애를 함께 한 보봐르(Simonne de Beau-
voir, 1908~1986)가 항의성명이라고 해도 좋을 만한 말을 남기고
있다.

또, 사르트르는 같은 대담에서, 동시에 좌익운동의 철저성 (radicalité)에 대한 비판도 말하고 있다.

"나의 경우, 철저성은 좌익적 태도의 본질적 요소라고 생각되네. 만약 우리가 철저성을 배제한다면, 좌익을 넘어뜨리는 일에 상당히 공헌하게 된다. 한편, 이것은 나도 인정하는 것이지만, 철저성은 막다른 골목으로 통하네"(앞의 책).

그리고 다시 사르트르는 다음과 같이도 말하고 있다.

"한 마리의 동물에게 나타나는 모태적(母胎的) 통일, 이런 것이야말로 오늘날 재발견해야 하는 것이라고 말하고 싶다. 왜냐하면 이것은 진정한 우정이기 때문이다"(앞의 책).

이 말만큼 사르트르 자신의 입장을 배반하는 것은 없다고 하겠다. 인간의 근원적인 자연에 뿌리박은 사랑이 재발견되지 않으면 안 된다고 하지만, 바로 이 태도를 거부하는 것이 사르트르 철학의 중심적인 주장이었다. 사르트르는 이 말로써 스스로의 사상을 포기했다고 해도 과언이 아닐 것이다.

이렇게 해서 사르트르는, 인간이 늙어서 만년에 가까우면, 삶의 우정에 매달려 살려는 마음이 생긴다고 하는, 어떤 의미에서 극히 자연스러운 인간의 변용을 보였다. 그것은 동시에 사르트르의 철학이, 인간답게 사는 삶의 방식을 그대로 표현한 철학은 아니었다는 것을 웅변으로 말하고 있다.

그의 철학은 오히려 보봐르에게 계승되었다. 그녀는 "인간에게는 본질이 없다. 인간은 인간이 된다"는 사르트르의 사상으로부터 "여자는 여자로 태어나는 것이 아니다. 여자가 되는 것이다"라는 결론을 끌어냈다. 여성이라는 자연 조건은 절대적인 것이 아니라고 논하는 저작 《제2의 성》은 현대 페미니즘의 하나의 원류가 되었다.

　이와 같은 보봐르의 관점에서 보면, 만년의 사르트르의 배신행
위는 절대로 용서할 수 없는 것이었을지도 모른다.

레비나스: 타자와의 관계의 마지못함을 응시함

리투아니아 출신의 유대인이며, 프랑스에서 후설과 하이데거의 영향이 강한 철학을 전개했다. 이렇게 말한 것만으로도 엠마뉴엘 레비나스(Emmanuel Lévinas, 1906~1995)가 이단의 향기 짙은 사상가임을 방불케 할 것이다.

레비나스는 구 소련의 리투아니아에서 태어났으나 프랑스에 이주했고 그곳에서 독일군의 포로가 되었다. 그 때문에, 그 자신은 강제수용소에 보내지지 않았지만, 가족은 거의 처형되거나 강제수용소에서 죽는 비참한 꼴을 당했다.

세대적으로는 사르트르나 메를로-뽕띠(Maurice Merlo-Ponty, 1908~1961), 레비-스트로스에 가깝지만, 일본에서 주목받게 된 것은 극히 최근의 일이다. 그러나 눈 깜짝할 사이에 거의 모든 저작이 번역되고 급속히 일반에게도 알려진 존재가 되었다. 세계적으로도 레비나스의 평가는 날이 가면서 높아지고 있다. 그가 사르트르나 하이데거와는 다른 독자적인 실존철학을 확립한 철학자임은 확실할 것이다.

자기 존재 안에 있는 타자

레비나스의 철학을 한마디로 말하면, '자기 존재 안에 있는 타자'를 차분히 들여다보고 사색한 철학이다. 물론 실존철학에서는 지금까지도 '타자' 문제는 되풀이되어 논의가 되고 있다. 사르트르의 경우, '타자'는 말하자면 자기가 엿보고 있을 때에 덮쳐오는 눈초리이며, 하이데거에게 '타자'는 그것을 염려하기 때문에 자기를 잃어버리는 그러한 존재였다.

그러나 레비나스는 "타자가 없으면 참으로 나는 잘 살 수가 없다. 타자야말로 나를 진정한 존재가 되게 하는 것이다"라고 한다. 그의 말을 인용해 보자.

"내 속의 남인 것의 관념을 능가하면서 '남인 것'(l'Autre)이 현존하는 양태, 그것을 우리는 얼굴이라고 이름한다. 나의 시선 아래 주제로서 나타나는 일이 없는 '방식'으로, 하나의 이마즈 (image)를 만드는 것 같은 형질(形質)의 통합으로서 드러나는 일이 없는 '방식'으로, 남인 것은 현전(現前)한다. '타자'의 얼굴은 내가 조형하는 그것에 대한 이마즈를 끊임없이 파괴하고 빠져 나간다"(《전체성과 무한》).

먼저 이 문체에 주목해야 할 것이다. 하나의 주제로 향하여 몇 번이고 되풀이하는 독특한 문장으로 그는 이야기한다. 쟈크 데리다는 레비나스의 문장을 "그것은 물가로 밀려오는 파도의 한없는 집요함과 함께 펼쳐진다고 말했는데, 바로 파도처럼 밀려와서는 물러가고, 더 커져서 다시 밀려온다.

이러한 되풀이 속에서 레비나스는 우선 '내 안의 남인 것의 관념'에 주의를 돌린다. 이것은 '내가 생각하고 그려낸, 나에게 지배

되고 있는 타자의 관념'이란 뜻이다. 내가 만들어낸 타인의 이미지라고 바꿔 말해도 좋다. 그리고 그것을 능가하고 넘어서 나타나는 타자의 나타나는 방식이 '얼굴'이라는 것이다.

레비나스에 의하면, 타자는 내가 만들려고 하는 이미지를 끊임없이 뒤엎고 빠져 나오는 모습으로 나타난다. 그렇지만, 이 타자는 사르트르가 말하는 것 같은 기분 나쁜 타자도 아니며, 하이데거가 말한 자기상실을 가져오는 타자도 아니다.

레비나스가 여기서 말하려고 하는 것은, '타자라고 하는 것의 마지못함'이라고나 할 그런 것이다. 곧 우리는 마지못해 타자에 관계하고 있으며, 타자라고 하는 것을 받아들이지 않을 수 없는 것이다. 그것은 어찌 할 수 없다는 것이다.

"얼굴은 내용이 되는 것을 거부함으로써 현전한다. 이런 의미에서, 얼굴은 이해하고 감쌀 수가 없는 것이다. 얼굴은 볼 수도 없고 만져지지도 않는다. 왜냐하면 시각이나 촉각에서는, 자아의 자동성(自同性)이 대상의 타성(他性)을 포함하고, 그 결과 이 대상이 그대로 내용이 되기 때문이다"(앞의 책).

타자의 얼굴의 나타남이라는 것은, 내가 주관이 되고 타자의 얼굴이 대상이 되는 것 같은, 주체와 대상의 관계가 아니다. 여기서 타자는 "이것은 아니다, 이것은 아니다, 이것은 아니다…"라고, 마치 밀려오는 파도처럼 말해진다. 그리고 그는 "자기를 표출한 경우에도 '타자'는 무한히 초월적이며, 무한히 소원하게 머물러 있다"고 말한다.

무한에 의하여 인간의 존엄을 이야기한다

이 '무한'이란, 레비나스 특유의 의미로서의 무한이며, 한없이 멀리 있는 이미지나 수학에서 말하는 무한과는 다르다.

"타인이 나를 향해 보내는 것은, 더 큰 힘―계산할 수 있기 때문에 하나의 전체의 부분인 것처럼 나타나는 에네르기가 아니라, 이 전체에 대한 '타인'의 초월 그 자체이다. 곧, 어떤 일정한 최상급의 권력이 아니고, 바로 '타인'의 초월의 무한이다"(앞의 책).

이를테면, 나와 당신을 싸잡는 하나의 전체적인 것이라든지, 또는 더 많은 사람들을 싸잡는 전체적인 것을 생각하고 그 수를 세거나 양을 나타낼 수는 있을 것이다. 레비나스는 그 전체보다 더 저쪽이란 의미에서, 타인은 '초월의 무한'이라고 하는 것이다.

일찍이 이 무한으로 타인의 존엄을 의미한 일도 있었다. 이를테면, '인간이 가지고 있는 하나하나의 성질의 가치는 유한하지만, 인간의 인격성의 존엄은 무한하다"는 말로 독일관념론은 인간의 존엄을 논했다.

레비나스의 '무한'은 이 독일관념론의 '인간의 존엄'과 논리적으로는 유사하지만, 이미지는 다르다. 그의 '무한'에는 언제나 충분히 힘쓰고 또 힘쓰지만 미진하고, 자기만 처져 홀로 남겨지고 마는 것 같은, 묘한 분위기가 감돌고 있다. 이 '무한'을 실마리로 해서 윤리나 종교에 대해 논해 가는 데에 레비나스 철학의 특징의 하나가 있다.

"이 무한은 살인보다 강하며, 이미 '타인'의 얼굴 속에서 우리에게 저항하고 있다. 그것은 '타인의 얼굴 그 자체이며, 근원적 표현(expression)으로서, '너는 살인하지 말라'고 하는 최초의 말인 것이다"(앞의 책).

이를테면, 산 속에서 모르는 사람을 만났다고 하자. "안녕하세요"라고 해도 상대방은 잠자코 있을지도 모른다. 그래서 우리가 '타인'을 느낀다고 하는 것에는, '죽이지 않는다'는 호소가 들어 있다고 하는 것이다.

"무한은 살인에 대한 무한한 저항에 의하여 권능을 마비시키지만, 완강하여 어찌할 도리가 없는 이 저항은 '타인'의 얼굴과 그 눈의 무방비한 전체적 노출성, '초월자'의 절대적 열림의 노출성 속에서 빛난다. 거기에 있는 것은 거대한 저항과의 관계는 아니고, 절대적으로 '타자'인 어떤 것과의 관계이며, 저항하지 않는 것의 저항—윤리적 저항인 것이다"(앞의 책).

타인을 윤리로 받아내다

"살인하지 말라"는 것, 쉽게 말하자면 "타인을 존중하라"는 것이, 타인의 얼굴이 드러내고, 넘어서 있는 것 속에 빛나고 있다. 그러므로 타인이 나에게 어떤 모습을 드러내고, 내 시선의 지배하에 놓인다 해도, 여전히 거기에는 '살인하면 안 된다'는 말이 울리고 있다. '살인하면 안 된다'는 말이 울리고 있는 한, 타자는 힘쓰고, 힘쓰고 또 힘을 써도 미진한 무한한 것이다.

그는 '거대한 저항과의 관계'가 아닌 '저항하기 어려운 것의 저항'이라고 한다. 타인이란 것은, 떨어져 오는 거대한 바위처럼 어떤 큰 힘이 되어서 밀려 오는 것이 아니다. 오히려 찢어발기려 하면 할수록 찢기 힘든 가죽끈처럼, 고집스럽게 관계해 오는 것이다. 그러므로 타인이 나온 이상, '죽이지 않는다'는 윤리로 받아내는 수밖에 없는 것이다.

레비나스의 이 타인에 대한 감각은, 일본인이 타인을 만날 때마다 입에 올리는 "すいません"(미안합니다)과 깊이 통하는 것이 있는 것 같다. 우리는 타인을 만나면 자신도 모르게 "すいません"하고 만다. 이것이 레비나스의 말로는 다음과 같이 된다.

"타자의 본질적 비참에 부응하는 것, 타자를 양육하기 위한 자력을 자기 안에 발견함으로써 나는 자아로서 정립되기 때문이다. '타자'는 그의 초월에 의하여 나를 지배하는 자인 동시에, 이방인, 과부, 고아이기도 하며, 나는 이와 같은 '타자'에 대해 책임을 지고 있는 것이다"(같은 책).

타인을 자기가 지탱하지 않으면 안 된다. 그런 의무를 짐으로써 나는 내가 된다. 타자는 초월에 의하여 자기를 지배하는 자인 동시에, 이방인, 과부, 고아인 것 같은 존재, 곧 무슨 일이든 해주지 않으면 안되는 자이다. 여기에 나타나는 의무감, 그것이 일본인의 경우에는 "すいません"이 된다.

자기와 타자의 문제에 대하여 사색한 현대의 철학자에 마르틴 부버(Martin Buber, 1878~1965)가 있지만, '나'와 '너'는 대칭적인 것으로 파악했다. 그러나 레비나스는 부버를 비판하면서, 나와 너는 비대칭(非對稱)이며, 자기와 타자는 "본질적으로 비대칭적인 '공간'에 자리 매겨져 있다"고 한다.

따라서 "살인하지 말라"도 타자에 대해서 한걸음 양보하는 의식인 것이다.

"타자의 현전에 의하여 나의 자발성이 이렇게 심문받는 것, 우리는 이것을 윤리라고 한다. '타자'의 이방성이란 '타자를 '자아', 나의 사고, 나의 소유물로 환원하는 일의 불가능성이며, 그러므로

'타자'의 이방성은 다름 아닌 나의 자발성의 심문으로서, 윤리로
서 성취된다"(앞의 책).

　타인 앞에 섰을 때, 언제나 자기가 무슨 허물을 지닌 것으로 자
기와 타인을 생각한다. 레비나스는 그렇게 실존을 파악하고 있었
다. 그러면 이것이 과연 후설이나 하이데거에게서 배운 현상학과
일치하느냐고 하면 의문스러울 것이다. 그는 오히려 현상학의 틀
을 넘어서, 더 솔직하게 인간이란 것을 자기의 말로 생각하는 방
향으로 나갔던 것이다.

죽음에 대한 승리

　이를테면, 레비나스는 죽음에 대하여 이렇게 말하고 있다.

　"죽는 것이 불안한 것은, 죽음에 임한 존재가 끝나가면서도 끝
나지 않기 때문이다. 죽음에 임한 존재에게는 이미 시간이 없다.
다시 말하면, 죽음에 임한 존재는 이미 어디에도 걸음을 놓을 데
가 없다. 그러나 죽음에 임한 존재는 이렇게 해서 갈 수 없는 곳
으로 가며, 질식한다. 더욱 끝없이 계속 질식한다"(앞의 책).

　이처럼 레비나스는 죽음 자체라고 하기보다는, 죽음에 임하는
궁극의 장면을 생각하면서, 자기의 말로 죽음에 임하는 불안의 근
거를 표현하려고 한다. 철학적 혹은 현상학적인 사변을 구축하는
일없이 죽음에 직면한 인간을 말하자면, 능숙한 필치로 그려내고
있다. 여기에는 인간을 있는 그대로 표현하는 언어를 고르고 또
골라서 말하려고 하는 자세가 보인다.

　그는 그 다음에 '역사'에 대하여 언급한다.

　"역사라고 하는 공공의 시간에 준거하지 않는다고 하는 것, 그

것은 역사의 시간과 평행하여 흐르는 일이 없는 차원에서 죽어야 하는 실존의 자기전개가 이루어진다는 것이다"(앞의 책).

역사라고 하는 것은 나의 시간도 아니고 당신의 시간도 아니다. 그러나 나의 시간이기도 하고 당신의 시간이기도 하다. 거기에는 이를테면, 몇 월 며칠, 이러저러한 일이 있었다고 하는 일부(日附)가 있다. 혹은, "나치스의 시대가 끝났다"고 하는 것 같이 역사적인 사건이 포함되어 있다.

레비나스는 그러한 모두가 하나가 되어 나아가는 공공의 시간과 나란히 흐르는 일이 없는 차원에서 자기를 확인하려고 한다. 그것이 그의 실존이다. "그러하기에, 탄생과 죽음 사이에 끼어있는 삶은 광기도 부조리도 도피도 이완도 아니다"라고 그는 말한다.

죽음은 극복될 수 없는가? 죽음은 결국 삶을 무의미한 것이 되게 하는 것은 아닐까? 레비나스는 다음과 같이 말한다.

"죽음에 대한 승리란 아들 안에 다시 살아나는 것이다. 죽음이란 단절을 자식이 집어삼키는 것이다. 죽음―그것은 가능한 것의 불가능성 속에서 질식하는 것이지만, 다름 아닌 이 죽음에 의하여 후예에의 길이 열린다"(앞의 책).

자기는 죽지만, 자식은 살아 있다. 이것은 어떤 의미에서 당연한 것을 그대로 이야기하고 있는 것이지만, 인간의 가장 기본적인 존재 방식에 깊이 관계되어 있다. 아주 흔히 있는 존재방식이 인간에게 얼마나 근원적인가를 그는 말하고 있다.

레비나스의 이런 생각은, 그가 유대의 교전 《탈무드》의 해석자라는 것과도 관계가 있다. 그러나 그는 그의 철학과 종교와의 결합에 대해서는 많이 말하려고 하지 않는다. 다만 이렇게 말한 일은 있다.

"유대교란 동시대와 시간을 공유하면서, 시간을 공유하지 않는 것이다. 곧 유대교는 그 말의 근원적인 의미에서 시대착오적인 의식(anachronisme)인 것이다"(《곤란한 자유》).

곧 그는 유대인이 박해를 받는 시대에, 그러한 역사적 시간을 초월하는 듯한 시간의 마당으로서 유대교를 파악하고 있었다. 그는 아우슈비츠에 대해 격하게 말한 일도 있지만, 나치즘 비판 자체를 가지고 자기의 철학을 전개한 것은 아니었다.

"우리 서구인에게 진정한 문제는 폭력을 기피하는 것이 아니다. 오히려 악에 대한 무저항 속에 퇴락하는 일없이, 그러면서도 그것으로부터 발생하는 폭력의 제도화를 회피할 수 있는 투쟁에 대한 물음을 깊이 하는 데 있다"(앞의 책).

폭력반대의 목소리를 높이고 스스로 폭력을 행사하면, 그 투쟁 자체에서 발생하는 폭력을 제도화하는 것이 된다. 그렇다고 무저항 속에 빠져버리는 것도 아니다. 그것은 적의 폭력을 허용하는 것이 되기 때문이다. 투쟁 중에 투쟁에 대한 물음을 깊이 하는 것이 문제라고 레비나스는 말한다.

여기에 바로 그가 경험과 사색에 의하여 다다른, 화려하진 않으나 깊은 맛을 풍기는 삶의 방식과 예지가 있는 것 같다.

동시에 레비나스는, 후설에서 시작되는 의식 내면의 기술을 기초적인 방법으로 하는 현상학적 방법이 막다른 골목에 이르렀음을 보여준다. 후설은 모든 학문에 기초를 주는 '엄밀한 학문으로서의 철학'이 순수한 의식상태의 기술에 의하여 가능해진다고 생각했었다. 그러나 의식의 내용을 기술할 때, 그 옳음을 밝히는 방법이 없다. 레비나스의 "죽음에 대한 승리란, 자식 속에 다시 살아

나는 것이다. 죽음이라는 단절을 자식이 삼켜버린다"는 말에 찬성
하는 이도 있겠지만, "죽음이란 어디까지나 나에게 고유한 종말이
며, 이 고유성을 넘어가는 것은, 나에게 모든 것을 맡길 수 있는
내 분신인 자식이 있었다 해도, 나의 죽음은 나만의 죽음이다"라
고 말할 수도 있을 것이다. 죽음에 대한 어느 쪽 말이 참인지를
밝힐 척도가 없다.

　의식의 내성적 기술은 엄밀한 학으로서의 철학의 방법으로는
성공하지 못했다. 그 방법은 의식이 존재하는 상태의 기술로서가
아니라, 일종의 문학적인 이야기로서만 살아 남을 수 있다. 말하
는 것이 동시에 사상적인 영상(影像)을 만들 수 있는 문학의 영역
에, 실제로 하이데거, 사르트르, 레비나스는 저작을 남겨 놓고 있
다.

제4장

해석학과 구조주의

데리다: 읽기에서 본 인간
레비–스트로스: 구조로서의 문화 추구
푸코: 이성과 광기 사이

데리다: 읽기에서 본 인간

일찍이 프랑스철학에서 가장 유명한 인물은 사르트르였으나, 이제는 바야흐로 쟈크 데리다(Jacques Derrida, 1930~)의 시대라고 할 수 있을 것이다. 사르트르와 데리다─이 두 사람의 철학은, 실은 매우 흥미 있는 대비를 이루고 있다.

데리다는 후설의 현상학의 연구자로 출발했지만, 후에 해석학으로 전향했다. 내가 보는 바로는, 그는 이 전환을, 말하자면 용케 잘 빠져 나옴으로써 수행한 것 같다. 더 심술사납게 말하자면, 현상학과 해석학은 본래 전혀 다른 사고임에도 불구하고, 데리다는 자기의 위태로운 줄타기를 교묘히 속이고 말았다.

현상학의 입장에서 말하자면, 우리는 마음속에 있는 가장 순수한 상태를 기반으로 함으로써, 세상의 여러 가지 편견에 사로잡히지 않고 볼 수가 있다. 문자문화나 학교교육에서 오는 협잡물을 제거하고, 마음을 어지럽히는 것으로부터 순화된, 가장 옳은 것을 찾아낼 수가 있다. 이것이 사르트르의 입장이고, 본디는 데카르트의 생각인 것이다.

한편 해석학에서는, 우리의 마음에는 이미 무엇인가가 쓰여 있다고 생각한다. 인간의 마음은 기성 문화와 무관하게 되어 있는 것이 아니고, 데리다의 말을 쓰자면 "텍스트의 바깥은 없다." 쓰여진 문자문화의 바깥에, 우리의 의식의 순수한 상태 따위는 없다. 우리의 의식 자체가 쓰여진 문자문화의 영향 속에 있으며, 말하자면 문자의 꼴을 한 의식이야말로, 우리의 가장 근본적인 존재방식이라고 생각한다.

현상학으로부터 해석학에로, 전혀 다른 입장을 빠져 나간다는 것은, 보통 생각으로는 매우 어려운 일이었을 것이다. 그래서, 데리다는 저작에서 자주 어렵고 모호한 말 놀림을 하게 되지만, 그것이 그의 본디 지닌 맛이라고 말 못할 것도 없다.

루소의 사상 형성에 대한 고찰

그의 《그라마톨로지에 대하여—근원 저편에》라는 저작 속에는 데리다의 철학을 개관하는데 알맞은 흥미 있는 한 절이 있다.

쟝 쟈크 루소는 시계 기술자의 자식으로 태어났지만, 모친을 여의고 부친과 둘이서 살게 된다. 그러나 루소는 세상을 떠난 아내만 생각하고 탄식하는 부친이 싫었다. 루소는 가출하여 방랑하고, 이윽고 바랑 부인(Madame de Warens)을 만나 그녀의 집에서 살게 된다. 노골적으로 말하면, 루소는 바랑 부인의 성의 노리개가 된 것이다.

루소는 바랑 부인에게서 자기의 모친을 보는 동시에, 그 모친의 대역과 성 관계를 갖는다고 하는, 기묘한 근친상간을 범하게 되는 것이다. 더욱이 이 바랑 부인은 루소만을 상대로 하고 있는 것이 아니라 자주 바깥 나들이를 하는 여성이었다.

데리다가 주목하는 것이 이 바랑 부인의 존재이다.

"쟝 쟈크는 바랑 부인의 집에 있다. 엄마를 볼 수 있을 만큼 그리고 그녀로 해서 상상력을 불러일으킬 만큼 충분히 가까이 있는 것이지만, 거기에는 떨어짐의 가능성이 달라붙는다. 모친이 모습을 감추는 바로 그 순간이야말로, 대상(代償)행위가 가능해지며, 필요해진다(《그라마톨로지에 대하여─근원 저편에》).

모친이 없을 때 머릿속에 모친을 떠올리고, 없어진 모친에 대한 외로움을 달랜다. 이것이 데리다가 '대상'이라고 부르고 있는 자위행위이다. 루소가 쓴 《고백》에는 다음과 같이 적혀 있다.

"그녀가 눈앞에 있건 없건, 나는 언제나 그녀에게서 한 사람의 부드러운 어머니, 그리운 누이, 즐거운 여자친구를 보고 있었다. 그 이상의 아무 것도 아니다.…그녀는 나에게 이 세상의 오직 한 사람의 여인이었다."

이제 루소는 완전히 바랑 부인의 포로가 되어 있는 셈인데, 이에 대하여 데리다는 다음과 같이 말한다.

"이 경험은, 지난날의 또는 청춘시대를 특징짓는 사건이 아니었다. 그것은 다만 가려진 기초공사처럼 의미작용의 전당을 구축하거나 지탱한 것만이 아니다. 그것은 줄곧 능동적인 고정관념으로 머물렀으며, 이 고정관념의 '현존'은 끊임없이 재차 능동화(能動化)되어, 이번에는 구성되어서 쟝 쟈크 루소의 '삶'과 '텍스트'의 끝까지 이르게 된다"(《그라마톨로지에 대하여─근원 저편에》).

모친 대역인 바랑 부인의 부재에 그 대역으로서의 상상을 둔다는 경험은, 루소의 과거의 사건에 머무는 것이 아닐 뿐더러, 모든 미래의 행동까지 규정하는 운명적인 틀이다. '모친＝바랑 부인'이라는 의미의 중심을 이룰 뿐 아니라, 루소의 모든 의미부여의 방식을 지배하는 능동적인 고정관념이 되어 있다.

대역의 경험 · 진짜 경험

루소와 바랑 부인과의 관계는 오래가지 않았다. 거기서 루소는 그를 평생 괴롭히는 '나쁜 버릇'을 갖게 된다. 현대인은 거의 죄악감을 갖지 않지만, 자기가 자기의 성기를 주물러 성욕을 채우는 행위, 곧 수음(마스터베이션)의 습관에 루소는 계속 괴로워하게 된다.

이것도 루소의 사상에 강하게 관계하고 있다고 데리다는 말한다.

"현전(現前)을 자신에게 주고, 부재하는 여인들을 불러모음으로써 자기 자신을 촉발하는 것을 가능케 해주는 자위하는 버릇. 루소는 이 자위하는 버릇에 끊임없이 되돌아와서는, 끊임없이 자기를 탄핵했을 것이다. 그것은 그의 눈에는 언제나 악덕과 부패 타락의 본으로 비칠 것이다"(앞의 책).

수음이란 바로, 그 자리에 없는 여자의 생각을 머릿속에 그림으로써, 자신의 성욕을 불러 일으켜 성욕을 채우는 것이다. 이 수음을 철학적으로 보면 어떤 의미를 갖는 것일까?

"언어(language)에 의한 현전의 복원(復原), 동시에 상징적이기도 하고 직접적이기도 한 복원. 이 모순에 대하여 생각해보지 않으면 안 된다. 이것은 직접적 복원의 경험이다. 왜냐하면 이것은 경험인 한, 그리고 의식인 한, 세계를 통과하지 않고 때우기 때문이다. '만지는 것'은 '만져지는 것'이며, 자기촉발은 순수한 자립적 행위로서 주어진다. 그 때, 자기촉발이 자신에게 주는 현전이 타자의 현전의 대체적(代替的) 상징이라면, 타자의 현전은 대체의 이 장난, 자기촉발의 이 상징적 경험 이전에는 '생생한 몸'으로 욕망된 일이 결코 없었다고 하는 것이다"(앞의 책).

성행위에서 '닿는 것' 주체는 남성의 성기이며, 대상은 여성의 성기이다. 수음이 성행위의 대신이라고 하면, '닿는 것' 주체의 구실은 손이 하고, 남성 성기는 '닿아지는 것' 객체의 구실을 하지만, 동시에 손은 '닿아지는 것' 객체로서, 남성 성기로서는 여성 성기의 구실을 하고 있다.

어떤 것이 타자의 대신이 되는 경험이 없다면, 현실의 경험이 성립되지 않았다. 그러나 이것은 기묘한 말이 아닐까? 대신한 경험, 카피(copy)의 경험이 없다면, 진짜 경험도 성립되지 않았다고 말하기 때문이다.

알기 쉽게 말하자면, 수음에 젖어버린 인간에게는 언제나 상상 속에서 타인을 경험하고, 그 상상의 경험의 연장선 위에 현실의 타인이 있다고 하는 것이다. 상상으로 성욕을 채운 연장선 위에 현실의 여성과의 성 관계가 성립한다고 하는, 상상과 현실과의 역전현상을 경험한다는 말에 지나지 않는다.

기호의 지배

그러나 이 역전현상은, 단지 쟝 쟈크 루소처럼 수음에 빠진 사람에게만 들어맞는 것이 아니고, 인간 일반의 정신의 구조적 특징과 결부되어 있다. 데리다는 다음과 같이 설명한다.

"사물 그 자체도, 상징체계 밖에서는 나타나지 않으며, 상징의 체계는 자기촉발의 가능성 없이는 존재하지 않는다. 이것이 직접적인 복원의 경험인 것은, 또한 이것이 기다리지 않기 때문이기도 하다. 이 경험은 즉시 그리고 그 자리에서 충족된다. 그것이 기다린다고 해도, 그것은 타자가 기다리도록 해서가 아니다. 그 때, 향락은 이미 지연될 수 없는 듯이 보인다"(앞의 책).

우리는 상상력 속에서 마음을 채움으로써 세계에 대한 경험을 수행한다. 더욱이 이 상상력에 근거를 주고 있는 것은 거의 모든 경우에 책일 것이다. 이를테면 여행을 떠나는 경우, 우리는 대개 여행 안내서를 읽으며, 결혼할 젊은이들은 결혼식의 안내서를, 또한 장례식을 행하기 위해서는 장례의 안내서를 읽는다. "긴까꾸지(金閣寺)가 보였다"는 경험을 '긴까꾸지'라고 하는 문자와 무관하게 할 수는 없다. 사태 그 자체(긴까꾸지)조차 상징(문자)의 체계 밖에서는 나타나지 않는다. 문자가 읽히는 것은 상상 속에서 재현되기 때문이다. 상징의 체계는, 문자가 실물을 대신하는 일과 실물이 문자의 대신을 한다는 하나의 것의 2중 관계, 곧 자기촉발의 가능성 없이는 존재하지 않는다. 이것이 눈앞에 "긴까꾸지가 보이고 있다"는 경험의 성립인 것이다.

특히 유대인인 데리다의 경우, 이 '책을 읽는다'는 행위의 비중은 매우 크다고 하지 않을 수 없다. 유대교에는 《탈무드》라고 하는 경전이 있어서, 신앙심이 두터운 유대인은 이 《탈무드》를 일평생 읽음으로써 거의 암송할 정도가 된다고 한다. 유대교에 대하여 매우 뛰어난 연구를 남긴 고 이노쓰쓰 도시히코(井筒俊彦) 씨는 데리다의 철학을 평하여, 이만큼 유대교의 특색을 나타내고 있는 철학도 없다고 말하고 있다. 유대교와 데리다의 관계는 극히 강한 것이다.

다시 한번, 데리다의 쟝 쟈크 루소 분석으로 돌아가자.

"실로 《여성과의 교제》의 어떤 특정한 대신으로부터 출발하여, 루소는 일평생 이와 같은 위험한 대상(代償)에 의지하지 않으면 안 되었다. 자위행위라고 하는 이 위험한 대상을 이 작가는 '끝까지' 멈출 수가 없다"(앞의 책).

만년에 루소는 테레즈(Thérèse Lavasseur)라는 여성과 동거하게 되는데, 이 여성과의 관계는 어떤 것이었나? 루소는 《고백》에 쓰고 있다.

"그녀의 마음이 식은 것을 나는 눈치채고 있었다.…엄마와 함께 지냈을 때도 이런 불행한 상태가 되어 괴로웠는데, 테레즈의 경우에도 똑같이 되고 말았다. 자연 외에 완전한 것을 구하지 않도록 해야겠다. 어떤 여자라도 마찬가지일 것이다.… 그러나 내 경우는 그 때와 마찬가지, 아니 훨씬 더 나빠져 있다. 잘못의 현장을 덮치려고 혈안이 되어 있는 적의 악의에 둘러싸여 있기 때문이다. 나는 같은 죄악을 또다시 저지르는 것이 무서웠다. 위험에 부닥치고 싶지 않았으므로, 테레즈를 같은 입장에 빠뜨리기보다는 차라리 금욕하려고 결심했다"(앞의 책).

테레즈는 매우 귀찮은 여성이었던 것 같다. 그 때문에 루소는 정신적으로 산산조각이 되었는데, 위의 문장에 쓰여 있는 시기의 루소는 거의 정신병과 같은 상태로서, 끊임없이 주위가 자기를 곤궁에 빠뜨리려 하고 있다는 망상에 사로 잡혀 있었다.

데리다는 이런 상태의 루소에 대하여 말하고 있다.

"이 타락은 기호 쪽을 선택한다는 데 있으며, 나를 죽음에 이르는 소비라고 하는 피난처에 가두어 넣는다. 확실히 그렇다. 그러나 분명히 이기적인 이 경제는 또한 모든 도덕적 대리[표상]체계에서도 작용하고 있다(《그라마톨로지에 대하여 ― 근원 저편에》).

꽤나 기분을 낸 말투이지만, 여기서 '타락'이라는 것은 수음을 가리킨다. '기호 쪽을 선택한다'는 것은 현실의 여성이 아니라 기호로서의 여성을 선택한다는 것으로, 이 경우 루소에게는 엄마라고 하는 기호이다.

루소는 여러 가지 여성편력을 되풀이 해왔지만, 실은 그는 각각 다른 여성과 교제해 온 것이 아니라, 어떤 여성과 만나도 엄마라는 기호와 만나고 있다.

"쟝 쟈크가 그와 같이 하여 테레즈에게 대상을 찾을 수 있었던 것은, 오직 하나의 조건 아래에서 만이다. 곧 대상성(代償性) 일반의 체계가 이미 그 가능성에 있어서 개시되어 있었다는 것, 대체의 놀이가 훨씬 이전부터 시작되어 있었다는 것, 그리고 어떤 방식으로 테레즈 자신이 이미 대상이었다는 것이다"(앞의 책).

차연(差延)과 탈구축

루소에게는 이미 생생한 모친조차 엄마라는 상징 하에 놓여 있다. 루소 자신이 '엄마의 대신이 되는 것'이라고 하는 대상이 그를 지배하고 있다.

"곧 '불가피하게 대상적 매개를 증대시키는 무한의 연속'이라는 필연성이다. 이 대상적 매개는 바로 자신이 차연(差延)하는 바의 것의 의미를 낳는다. 곧 사물 그 자체, 직접적 현전, 근원적 지각이라는 환상을. 직접성은 파생된 것이다. 모든 것은 중간부터 시작한다. 이것이 '이성에게는 거의 이해하기 힘든 것'이다"(앞의 책).

데리다는 이렇게 결론을 내리지만, 여기서 말하는 '차연'이란

어떤 것의 대신이 되는 것, 또는 그것 자체인 동시에 그것의 대신
이 되기도 하는 것이라고 이해하면 된다. 우리가 생생한 체험을
하고 있다고 생각하고 있는 것이 실은 상징성에 의하여 매개되어
있다. 인간의 의식의 활동도 언제나 기호에 의하여 매개되어 있
다. 이것이 다름 아닌 데리다의 사상이다.

여기까지 오면, 데리다가 제창한 개념 중에서 가장 잘 알려진
'탈구축'(脫構築)의 의미도 쉽게 이해될 것이다. 탈구축은
deconstruction이라고 쓰는데, 이것은 construction(건축)과
destruction(파괴)의 양쪽의 의미를 가지는 말이다.

이를테면 내가, "고노에 바다 저녁 물결 넘실대고 물떼새 네가
울면 내 마음도 처량해지고 옛날이 생각나네"라고 만요슈(萬葉集)
의 노래를 읊조렸다고 하자. 내 마음속에는 어떤 정경이 떠오르
고, 나는 깊은 생각에 잠긴다. 그러나 이 때, 나는 만요 가인(歌人)
이 마음에 떠올린 대로의 정경을 생각에 떠올리고 있는 것은 아
니다. 우리는 노래를 읊조릴 때, 본디 의미와는 조금씩 다른 의미
로 고쳐 잡고 있다. 구성하고 있지만, 동시에 파괴하고 있다. 읽는
다(해석한다)는 것은 문자 속에 들어가서 그것을 안쪽으로부터
물어뜯는다는 것(탈구축)이다.

곧, 우리가 사물을 이해한다고 하는 것은, 대상 안에 들어가서
마치 기생충처럼 살며, 그 본디 것을 먹어치우는 것과 같다. '해석
한다'는 것은, 본래의 문자 속에 들어가 살며, 그 본디 문자를 잠
식하는 것이다. 탈구축이란, 바로 이런 의미이다. 데리다의 철학은,
언제나 쓰여진 것과의 관계를 떠나서 의식의 경험이 이루어지지
않는다는 것을 알리고 있다. 사랑이야기가 있기 때문에, 연애가
일어난다. 살인귀 이야기가 있으니까, 살인이 있게 된다.

거짓말쟁이 데리다

데리다가 사르트르의 의식중심주의에 대하여, 유대인의 문화적 전통(탈무드주의)을 배경으로 하여, 문자언어와 함께 작용하는 의식의 존재방식을 사르트르의 현상학이 전혀 잡을 수 없다는 것을 지적한 공적은 크다. 그의 뛰어난 루소에 대한 분석뿐 아니라, 알기 쉬운 말로 번역한다면, 누구나 훌륭하다고 알 수 있는 분석을 데리다는 많이 썼다.

그러나 데리다는, 사르트르식의 현상학에 시각중심주의라는 딱지를 붙이고, 모든 주관주의, 남성중심주의의 잘못은 '본다'고 하는 자기중심적 태도에서 나오기 때문에, 데리다가 세계 철학사의 새 차원을 여는 것이라고 하는 철학사적인 자기선전을 전개했다.

저널리스트가 "데리다야말로 철학의 최첨단이다"라고 이것에 덤벼들었다. 비슷한 선례는 하이데거의 '세계상(像)의 시대'에도 있다. 하이데거는 근대 사상이 모두 데카르트식 주관주의에 영향을 받았으며, 그 원천은 플라톤에게까지 거슬러 올라감으로, 서구 사상 전체를 주관주의적 형이상학이 덮고 있다고 주장했다. 이 생각은 '근대의 초극' 사상의 원형이 되는 것으로, 실은 셸링의 철학사에 쓰여 있는 것으로, 일본에는 이미 명치 시대에 수입되어 서양철학의 2원론을 동양철학이 극복한다는 이야기가 만들어져 있었다.

여기에 데리다식의 '근대의 초극'이 더해져, 그 상징적인 표현이 '탈구축'인 것이다. 이것도 원형은 하이데거의 '해석학적인 파괴'라는 개념으로서, 하이데거는 칸트에서 데카르트에게로, 다시 플라톤으로 철학사를 역행하는 형태로 해석하면서 내부로부터 파

괴하여, 플라톤 이전의 진정한 근원에 도달한다는 줄거리를 생각
하고 있었다.

일본의 '근대의 초극'론은 훨씬 더 소박한 형태를 띠고 있지만,
데카르트가 주관과 객관의 둘로 나누고, 정신과 신체의 분리를 주
장했는데, 이 결점을 동양 사상이 극복한다는 것이다. 최근의 새
로운 화제는, 데카르트에서 시작되는 근대기술이 심신분리의 형
이상학에 따르고 있기 때문에, 근대기술이 인간을 배반하게 되었
으므로, 데카르트적인 패러다임을 극복, 동양의 원리에 돌아감으
로써 인간성을 회복할 수 있다는 이야기이다.

자기가 어떤 입장을 세상에 팔겠다는 생각을 하면, 종래의 사상
은 모두 'x주의'의 잘못을 범하고 있다. 나는 'x주의'를 극복하기
때문에, 나로부터 사상의 새로운 시대가 시작된다고 선전하면 된
다. 종래의 철학은 모두 지배계급의 철학이며, 그것은 관념론이라
는 특색을 갖는다고 마르크스주의자는 주장한다. 취하는 수법은
똑같다.

우선 첫째로, "종래의 사상은 모두 x주의의 잘못을 범하고 있
다"는 논증이 불가능하다. 철학사 기술에서 그와 같은 내용을 지
지하는 것이 있다고 하면, 그것은 대단히 큰 잘못을 품은 독단적
인 것이다.

다음으로, "x주의의 잘못은 y주의가 극복한다"고 주장하기에 앞
서, 논쟁의 공통의 마당이 어디에 있는지를 밝히고, 입장의 차이
가, 진위를 결정할 수 있는 구조로 되어 있는지 어쩐지를 명백히
해야 할 것으로, 대개의 경우, 그런 차분한 논쟁의 절차에 견딜 수
없는 사람들이, 타인의 입장에 그런 딱지를 붙인다.

셋째로, 이를테면 심신분리주의의 결점은 확실히 심신합일주의

로 극복될지도 모르지만, 심신합일주의는 거꾸로 사실적으로 존재하는 심신의 분리현상을 설명할 수 없다는 결점을 갖는다. 2원론의 결점을 1원론이 극복한다는 구조는, 그 거꾸로도 진리이므로 참된 의미에서는 극복이라고 할 수 없다.

  그러므로 근대의 초극이라든가, 형이상학의 극복이라든가, x주의의 극복이라고 하는 슬로건 모두에 의문을 품을 것을 나는 권하고 싶다

레비-스트로스: 구조로서의 문화 추구

레비-스트로스(Claude Lévi-Strause, 1908~1991)는 처음 철학교 사였으나, 문화인류학으로 전향하고, 구조인류학이라는 방법을 확립하여 '구조주의'의 교조라는 말을 듣는다. 구조주의란, 언어라든가 친족구조 같은 복잡한 사태 속에 숨어 있는 수학적인 구조를 밝힘으로써, 그 사태를 해명하는 방법이다.

이를테면 온 세상의 사람들이 말하는 언어는, 많은 음소(音素)로 이루어져 있다. 음성분석기에 걸어서, 파장이나 주파수의 특징으로 분류하면, 절로 언어로서의 음의 특징이 나오느냐고 하면 그렇지 않다. 언어로서의 음은, 단독으로 물리학적으로 구별되는 것이 아니라, 다른 음과의 비교에 의해서만 정의될 수 있다. 토후쿠(東北) 지방 사람의 발음으로 '이'와 '에'는 큐슈(九州) 지방 사람의 '이'와 '에'하고는 물리적 특성으로서는 아주 다를지도 모른다. 물리적으로는 토후쿠의 '이'는 큐슈의 '에'일지도 모른다. 그러나 '이'와 '에'가 구별되는 시스템이라는 특징은 같다. 차이의 구조가 같다면 같은 오십음도(50音圖)를 사용하고 있다고 할 수 있을 것이다.

사과, 배, 복숭아, 자두도 또한 서로의 차이의 구조로 결정된다. 말하자면, 과일의 오십음도 안에서, 사과는 '사과'라고 불린다. 그러나, '사과'라고 말할 때, 그것이 배, 복숭아, 자두로부터의 차이의 문맥 속에서만 의미가 주어진다는 것은 의식되고 있지 않다.

이러한 음운론(音韻論)의 특징을 레비-스트로스는 다음과 같이 말하고 있다.

"첫째로, 음운론은 의식적 언어현상으로부터 그의 무의식적인 하부구조의 연구로 이행한다. 둘째로, 항(項)을 독립한 실체로서 다루는 것을 거절하고, 항과 항의 관계를 분석의 기초로 삼는다. 셋째로, 체계의 개념을 도입한다. 구체적인 음소 체계를 명시하고 그 구조를 밝힌다. 넷째로, 일반적인 법칙의 발견을 목적으로 한다. 친족 명칭은 사회학적인 존재를 갖는 것만이 아니다. 그것은 동시에 언어표현의 요소이다. 언어학에서, 음운론적 분석은 말을 직접 다룰 수 있는 것이 아니며, 사전에 음소로 분해된 말만을 다룰 수 있다는 것을 가르쳐 주고 있다. 어휘층에는 필연적인 관계는 존재하지 않는다. 이것은 친족 명칭을 포함해, 어휘의 모든 요소에 대해 진실이다"(《구조인류학》).

근친상간을 금지하는 규칙

단독의 요소로부터 전체적인 구조로, 의식으로부터 무의식으로라는 방법으로, 레비-스트로스는 아버지, 어머니, 아들, 딸, 사촌 형제, 사촌 자매, 큰아버지, 작은아버지, 큰어머니, 작은어머니 등의 친족관계나, 토템의 기호적인 관계를 분석했다. 그것에 의하여 모든 문화에 공통된 구조가 드러났다. 그러자 '원시적'이니 '미개

한'이니 하는 형용사로 생각되고 있던 '야생의 사고'의 특징이
알려져, '미개인의 문화'는 서양의 근대문화의 단계에 '아직 이르
지 못한 문화'라느니, '미개인은 고유의 정서적인 연관을 맺는다'
느니, 문화의 다름을 개인의 발달단계에 맞추어 생각하는 것이 근
본적으로 잘못 되었다는 것이 알려졌다. 이 점 그는, 서양근대문
화가 세계에서, 가장 발달한 문화라고 하는 서양중심주의를 근본
적인 방법론의 차원에서 부정한 희귀한 서양인이라고 하겠다.

인간의 생활에서 가장 공통되는 특징은 언어와 생식이다.

"아무리 시간을 거슬러 올라가고, 아무리 공간적으로 떨어진 곳
에서 보기를 찾아도, 인간의 삶과 활동이 이루어지는 구조는 공통
의 성격을 가지고 있다. 인간은 분절(分節)언어를 가지며, 사회를
이루고 생활한다. 생물 종(種)으로서의 생식은 우연에 맡겨지는
것이 아니라, 생물학적으로 자손을 만들 수 있는 일정한 결합을
금지하는 규칙에 따른다"(《현대세계와 인류학》).

인간의 생식은, 근친상간을 금지한다고 하는 규칙에 따르고 있
다. 이 규칙이야말로 모든 문화의 원형이다. 말하자면, 문화라고
하는 부자연(不自然)의 시작이 여기에 있다. 근친상간을 금지한다
고 해도, 우리는 사촌끼리의 결혼을 근친상간으로 보지 않는다.
그러나 '사촌'이라는 개념을 둘로 나누어, 아버지의 형제, 어머니
의 자매의 자식들을 평행사촌이라고 하고, 아버지의 자매, 어머니
의 형제의 자식들을 교차사촌이라고 하여, 평행사촌과는 결혼할
수 없지만, 교차사촌과는 결혼할 수 있다는 시스템으로 유지되고
있는 문화는 대단히 많다.

어떤 집단과 집단 사이에서 여성의 교환이 이루어질 때, 서로
똑같은 근친상간의 규정을 갖지 않으면 안 된다. 한쪽 집단의 자

손이 끊어지게 되는 구조이어서는 안 된다. 영원히 똑같은 관계의 구조가 재생산되도록 되어 있지 않으면 안 된다. 문화인류학적으로 기록되어 있는 모든 친족 구조의 시스템론적 해석(解析)을 레비-스트로스는 수학자의 도움을 받아서 완성했다. 거기에서 '구조'의 일반적인 개념이 떠올랐다.

"내가 생각하는 바로는, 구조의 이름에 값하기 위해서는, 모델은 주로 4개의 조건을 충족시키지 않으면 안 된다.

첫째로, 구조는 체계로서의 성격을 나타낸다. 구조는 구성 요소의 어떤 하나가 변화하면, 그에 따라 다른 모든 것이 변화하는 요소로 이루어져 있다.

둘째로, 모든 모델은 하나의 변환군(變換群)에 속해 있으며, 이들 변환의 집합이 모델의 한 군을 구성한다.

셋째로, 모델의 요소의 하나에 변화가 생겼을 때, 모델이 어떻게 변화할 것인지 예견할 수 있게 한다.

넷째로, 모델은 그것이 작용할 때, 관찰된 모든 사태가 고려되어 있게끔 만들어져야 한다(《구조인류학》).

인류는 무수한 역사를 갖는다

이 모델은, 사회라고 하는 실재로부터 불가피적으로 결정되어 오는 것은 아니다. 하나의 사회에 여러 가지 모델이 적용되는 가능성이 언제나 열려 있다. 레비-스트로스는, 사회를 인식하는 것이 객관적이며 최종적인 유일한 모델로 집약된다고 하는 견해를 엄하게 물리치고 있다. 역사 인식의 경우도 마찬가지이다.

"역사학은 대상을 연속적 실재로 생각했다 해도, 대상을 분석하기 위해 코드를 사용한다고 하는, 모든 인식에 공통되는 의무에서 벗어날 수 없다. 역사학의 코드는 연대(年代)이다. 날짜가 찍히지 않은 역사는 없다(《야생의 사고》 제9장).

레비-스트로스는, 연대는, 첫째로 차례 속의 점, 둘째로 비교 가능한 길이, 셋째로 클래스의 성원을 가리킨다고 한다. 클래스의 성원이란 것은, 파장에 비기면, 중파 클래스라든가 단파 클래스인가 하는 것으로, 중파 수신기로는 단파방송은 잡히지 않는다.

"하나의 역사가 있는 것이 아니라, 몇 개의 역사, 다수의 역사, 무수한 역사가 있다. 이들 역사로부터, 경향의 평균치를 끄집어내는 것, 통계적인 근사치를 끄집어내는 것은 아마 가능하겠지만, 인류가 오직 하나의 역사를 창조해 가는데 따라서, 자기 발전, 자기 분비, 자기 증식을 하는 커다란 이해 모델을 끄집어내는 일은 불가능하다"(미간행 방송텍스트, 바케스－클레망 지음 《레비-스트로스》 수록).

당연히 역사의 가치를 서구형 문화로 향해 나아가는 진보로 보지 않는다. 그가 젊었을 때, 3개월 동안 조사활동을 한 브라질의 남비크와라(Nambikwara) 족의 일을 일종의 뜨거운 사랑을 가지고 이렇게 쓰고 있다.

"처음으로 인디오와 함께 황야에서 야영하는 외지인은, 이 정도로 모든 것을 빼앗긴 [가난한] 인간의 모습 앞에서, 고뇌와 연민에 사로잡히는 것을 느낀다. 이 인간들은 어떤 끔찍한 대 변동에 의하여 적의를 품은 대지 위에 짓눌린 것 같다. 불안스레 타고 있는 불 옆에서 맨몸으로 떨고 있다. 그러나 이 비참에도 속삭임이나 웃음이 생기를 주고 있다. 부부는 지난날의 추억에 잠기듯이 껴안고 있다. 애무는 외지인이 지나가도 중단되지 않는다. 그들

모두의 속에, 한없는 다정함, 깊은 대범함, 소박하고 사랑에 넘치
는 생명을 가진 자의 마음을 사람은 느낀다. 이들 감정을 합쳐볼
때, 인간의 다정함의 가장 감동적이며, 가장 진실한 표현인 그 무
엇을 사람은 거기서 느끼게 된다"(《슬픈 열대》).

문화는 한순간의 꽃핌

브라질의 고원의 추위를 견디며, 끄느름하게 타는 불 옆에서,
소곤소곤 속삭이면서 애무를 계속하고 있는 부부 곁을 지나간 레
비-스트로스는 뭔가, 일찍부터 찾아왔던 다정함에 부닥친 것 같은
감동을 맛보고 있다. 이것은 서양문화의 공격성과 대비했을 때,
절대로 그것과는 이질적인 무엇인 것이다. 극한적인 다정함을 그
는 미얀마의 초라한 불교사원을 찾았을 때에도 만났다. 거기서 그
는 이슬람에도 그리스도교에도 없는 극한적인 다정함과 만났다.
그리고 그는 다음과 같이 쓰고 있다.

"세계는 인간 없이 시작되었고, 인간 없이 끝날 것이다. 제도,
풍속, 습관 등 그것들의 목록을 만들고, 그것들을 이해하기 위해
내가 내 인생을 보내온 것은, 하나의 창조의 순간의 꽃핌이며, 그
것들은 이 창조와의 관계에서 인류가 거기에 자신의 구실을 담당
할 수 있게 한다는 의미를 제외하고는, 아마 아무런 의미도 없다"
(앞의 책).

이 말은 "참으로 전체적인 역사가 있다면, 그 자체 속에서 힘이
없어져버려, 총화의 수치는 제로와 같게 될 것이다"(《야생의 사
고》)는 말과 비교해볼 필요가 있다.

문화는 한 순간의 꽃핌이다. 문화가 가져다 준 것의 플러스, 마

이너스를 전체적으로 평가하면 총화는 제로이다.

　인간은 기술을 구사하여 자연을 가공해 여러 가지 문화의 혜택을 만들어내고 있지만, 그 귀결은 자연을 타성화하고, 타고 남은 찌꺼기로 만들어가는 것이다. 인간은 기술의 손을 쉬고 '한 조각의 광물, 들 백합의 향기, 한 마리의 고양이와 마음을 주고받는 깜박임 속에' 어떤 해탈의 기회를 놓치지 않는 것이 좋을 것이라고, 레비-스트로스는 그의 청춘의 여행기인 《슬픈 열대》를 마무리하고 있다.

푸코: 이성과 광기 사이

미셸 푸코(Michel Foucault, 1926~1984)는 정신의학사나 성의 역사를 그려냄으로써, 이성이 지배하는 시대의 문화 속에서, 앎 그 자체에 권력성(權力性)이 성립되어 있다는 독자의 주장을 했다.

우선 그의 출세작이 된《광기의 역사》속의 주요한 논점에 초점을 맞추어보기로 하자. 프랑스혁명의 시대에, 정신병 환자가 처음으로 '병자'로서 인간 대접을 받게 되었다는 사건에 푸코는 의문의 눈초리를 보낸다.

"유럽의 사상사에서 극히 중요한 사건이 18세기말에 프랑스와 영국에서 일어났다. 그것은 광인의 수용 감금시설의 해방이라는 사건이다. 프랑스에서는 1792년에 살페트리에르(Salpetriere) 병원의 의사 피넬(Philippe Pinel, 1745~1825)에 의하여, 영국에서는 튜크(Tuke)에 의하여 이루어졌다. 피넬이 말했던 것처럼, 이후로는 이들 수용시설은 감옥으로서가 아니라, 병원으로서의 기능을 수행하고, 광인은 정신병 환자로서 의학적 치료의 대상이 되었던 것이다"(《철학의 무대》수록 "광기와 사회").

이런 변화는, 개인이 인간으로서 정당하게 대접받게 되었다고 하는 휴머니즘의 역사의 한 면같이 보인다. 그러나 의심스러운 점 몇 가지가 지적된다. 피넬의 개혁 이전부터 광인의 수가 불규칙한 변동을 보이고 있다.

"광인의 수는 1785년부터 1788년 사이에 최고에 달하고, 대혁명이 일어나자마자 격감한다"(《광기의 역사》).

의학적인 진단 기술이 발달하지 않았기 때문에, 현실의 정신병 발생수라고 기록된 수와 어긋나는 것은 당연할 것이다. 그러나 이 어긋남이 의미하는 것은 측정의 부정확함에 지나지 않는 것일까?

광인을 분류하는 방법에 주목하면, 어떤 명부에서는 1721년에는 3 또는 4종류, 1728년에는 14종류, 1733년에는 16종류가 구별되어 있다. 그렇다면 감금의 근거가 되는 병명의 확정은 그다지 신용할 수 없다는 것이 예측된다.

그렇다면 광인이기 때문에 감금된 것이 아니라, 감금되었기 때문에 광인이 된 사례도 많을 것이다. 본보기로라든가, 죄수를 정신적으로 괴롭히기 위하여 광인과 함께 감금하는 일도 있었다.

푸코는 이렇게 말하고 있다.

"죄수 중에 광인이 섞여 있는 것은 감금의 수치스러운 한계가 아니라 그 본질이다"(앞의 책).

확실히 피넬이나 튜크의 '개혁'은 이와 같은 감금의 형태를 결정적으로 바꾸었다. 이를테면 '병원'이라는 감금의 장소에는 죄수가 수용되는 일이 없어졌다. 광인에게는 책임이 면제되었으나, 동시에 병은 운명적인 것으로 간주되어, 여러 가지 병명으로 분류되게 되었다.

광인은 병실 안에서의 자유를 얻었다. 그러나 그의 자유로운 거동은 모두 의사의 관찰의 대상일 뿐이다. 관찰되고 있다는 '한층 더 폐쇄되고, 엄격하며, 부자유한 공간'에 감금된다.

이를테면 직장의 과장이 끊임없이 난폭한 행동을 할 때, 많은 동료들은 '지독한 사람'이라고 비난할 것이다. 그러나 그 과장이 실은 신종 바이러스에 감염되어 뇌 세포가 이상반응을 하기 때문이라는 것이 알려지면, 주위 사람은 비난하는 것이 아니라, 무섭고 이상한 기분으로 관찰하는 태도를 취하게 될 것이다. 과장이 무슨 요구를 하면, 그 요구의 옳고 그름은 문제가 안 되고, 그것은 증상으로 관찰되고 분류의 틀에 들어갈 것이다. "바이러스 탓이니 할 수 없다"는 결정론(숙명론)이 사람들을 지배한다.

피넬이나 튜크의 개혁에서도 똑같은 일이 일어난다.

"사람들은 광인을 범죄와 악에서 해방한다. 그러나 그 결과로서 하나의 결정론 속에 광인을 가두어버린다. 그 후, 광인은 전적으로 자유이지만, 자유로부터 완전히 배제된다"(앞의 책).

이성은 광기를 필요로 한다

이런 변화를 통해 알 수 있는 것은, 이성의 변화에 따라 광기의 존재방식도 달라졌다고 하는 것이다. 티푸스균으로 티푸스가 발생한다거나, 요드 부족으로 크레틴(Kretin) 병이 발생한다고 하는 식으로, 광기라는 병은 그것을 관찰하는 주체로부터 독립된 사태로 확정될 수 없다.

"광기의 있는 그대로의 야생상태는 그 자체로서는 복원되지 않는다. 그러므로 광기를 파악하고 있는 역사상의 총체의 구조적인 연구를 하지 않으면 안 된다. 그것은 이성과 광기를 결합함과 동시에 분리하고 있는 결정으로 거슬러 올라간다(앞의 책).

정말은 이성이 광기를 필요로 하고 있다. 범인을 정상인과 다르게 분류하고 격리함으로써 이성은 자기가 광기가 아니라는 것을 확인할 수 있다. 광기란 이성의 분신이다. 다만 이성이 "자기는 그것이 아니다"라는 형태로 자기 존재를 확인한다는 의미에서의 분신이다. 이성은 광기를 끊임없이 만들어내지 않을 수 없다.

이런 관점으로 이성을 보면, 이성을 반(反)이성＝광기와 한 세트로 파악하는 것이 된다. 이성 편을 들지 않고, 이성을 냉담하게 내친 채 이해할 수 있는 것은, 이성과 반이성을 한 세트로 파악하는 방법의 강점이다.

이성과 광기가 성립하는 관계는, 실은 이성의 모든 영역에서도 성립한다. 이를테면 성에 대해서는 무수한 금기가 있고, 일탈에 대한 사회적 제재가 있으며 정상화를 위한 여러 가지 노력이 있다. 거기서 작용하고 있는 기능을 '권력'이란 말로 표현하면, 거기에는 '국가권력'이라든가, 갱 두목의 폭력에 의한 지배와는 다른 의미에서의 '권력'이 성립하는 것을 알 수 있다.

《성의 역사》(I, 제4장)에는 권력의 일반적인 특질의 기술이 있다.—거기서의 권력은, 갖는다든가, 빼앗는다든가, 나눈다거나 하는 그런 것이 아니라, 특정한 모양을 취하지 않고 일정하지 않은 게임으로 행사되고 있다.

'권력'은 경제, 지식, 성적 관계의 밖에 있는 것이 아니라 그 안에 있다. 경제적인 지배의 대변자가 되어서 경제를 밖에서 지배하는 그런 것이 아니다. 분할, 불평등, 불균형이 있는 곳이면 어디서나 권력이 생긴다.

마르크스주의에서는, 계급대립이라는 커다란 의미에서의 권력

지배의 구조 속에 낱낱의 인간관계가 규정된다. 그러나 푸코는 '권력'이란 이런 것이 아니라고 한다. '권력'이란 거의 무의식 속에 성립되어 있는 관계이다.

정치적 권력이라든가 경제적 지배력 같은 것이 아닌, 어디에서나 발생하는 권력에 대하여 푸코는, 이 모양이 확실하지 않은 권력의 양상을 여러 모로 말할 뿐, 그 핵심이 되는 본질을 제시하고 있는 것은 아니다. 이 '권력'이라는 개념이 니체의 '힘에의 의지'라는 개념에서 영향을 받은 것은 확실하지만, 니체의 '힘에의 의지'와도 전혀 다르다.

니체의 경우, '힘'이란 약자를 멸시하는 영웅적인 의식과 같은, 자기 존재에서의 충족감이다. "모든 의미는 힘에의 의지이다"(《힘에의 의지》, 500면).—그것이 느껴지고 의식되는 데 '힘'의 의미가 있다. '힘'이란 도덕성으로 환원될 수 없는 삶의 의미이다. 그런데 푸코의 경우는, '권력'은 관계 구조의 내재적인 요인으로서, 반드시 '권력'으로서는 의식되지 않는다. 오히려 의식되는 것을 회피하는 구조이다.

정상과 이상(異常)을 구별하는 자

실은 푸코는 그 권력론(이를테면 《성의 역사》 I, 제4장)에서 "권력은 무엇이 아닌가"만 말하고 "권력이란 무엇인가"를 말하지 않았다. 다음과 같은 니체의 말이 그의 권력론을 아주 잘 표현하고 있다.

"진리란, 그것 없이는 어떤 생물 종족이 살아갈 수 없게 되는 오류이다"(앞의 책, 493면).

"인식은 권력의 도구로서 작용한다. 그러므로 인식이 권력의 커짐에 따라 커진다는 것은 명백하다"(앞의 책, 480면).

푸코의 권력론이 니체의 말에 근거하고 있는 것은 거의 확실하지만, 니체와는 결정적으로 틀리다.

푸코의 문장에는 비상한 긴장감이 넘쳐 있다. 그의 문장은 아직 아무도 꿰뚫어본 일이 없는 숨은 구조를 보고 있는 예언자가 이야기를 시작하는 것 같은 인상을 준다. 그러나 동시에, 자기의 정체를 사람에게 내보이고 싶지 않다고 하는 배려가 주도하게 깔려 있는 묘한 굴절을 가지고 있다.

푸코가 그 둘레를 빙빙 돌면서, 명확하게 말하지 않은 권력개념을 "정상자와 이상자의 구별은 정상자가 한다"고 나는 표현할 수 있다고 생각한다. 정신병원에 가면, 의사는 환자의 정상과 이상을 구별하여, 이상자를 정상자와 다른 장소에 감금한다. 구별과 이상자를 가두는 것이 정상자(곧 이성)의 주요한 일이다. 그 이외에 이상자를 발견하기 위한 검사기관, 감금자를 관리하기 위한 여러 가지 짜임새, 이상자의 발생을 예방하기 위한 훈련 따위가 이성의 일이 된다. 이성의 일이 아무리 다양해도, 그 본질적인 일은 식별하는 것이며, 식별한 것을 다른 장소에 두는 것이다.

이성은 그 자체로, 이성과 비 이성(광기)을 식별하는 권한을 가지고 있다. 만약 이성을 법정에 비긴다면, 이성은 제1심의 판결을 할 때, 제2심의 권리를 동시에 행사하고 있다. 달리 말하면, 비 이성이라고 판결을 받은 피고가 항소해도 같은 이성에 의하여 판결받는다. 그것이 "정상자와 이상자의 구별은 정상자가 한다"는 데 함축되는 구조이다.

데즈까 오사무(手塚治虫)의 작품에서는, 자주 정신병원에서 환

자가 의사를 감금하고 환자가 의사가 되는, 의사와 환자의 역전이
라는 상정이 되어 있다. 외부 사람이 그 병원을 찾아가면, 우리 안
에 있는 사내가 "나는 환자가 아니고 의사다"라고 주장한다. 그러
면 의사로 둔갑한 환자가 "이 환자는 자기가 의사라고 하는 망상
을 가지고 있습니다"라고 외부에서 온 방문객에게 설명한다. 역전
의 구조가 간파되는 일은 거의 없다.

"정상자와 이상자의 구별은 정상자가 하는 것이 이성적이다"라
고 믿고 있으며, 거기에 권력성이 있다고는 생각하지 않는다.

동성애자의 고뇌와 싸움

지금 동성애가 정상이냐 이상이냐가 논의된다고 하자. "정상자
와 이상자의 구별은 정상자가 한다"는 원칙에 따라서 "정상자와
이상자의 구별은 비동성애자가 한다"는 원칙이 세워졌다고 하자.
이것은 동성애자에서 보면 전적으로 권력적이며, 일방적인 억지
가 된다. 그러나 "정상자와 이상자의 구별은 정상자가 한다"는 원
칙이 권력적이라고는 아무도 알아차리지 못한다.

대학에서는 학문적으로 보아 정상인지 아닌지의 식별은 학문적
으로 보아 정상인 교수에 의하여 이루어진다. 그리하여 학문적인
이단자는 배제된다. 카톨릭교회에서는 누구를 추기경으로 할 것
인가를 추기경회의에서 결정한다. 누가 교수가 되느냐고 하는가
를 교수회가 결정한다. 누가 학술원 회원이 되는가를 학술원 회원
이 결정한다. 이것은 모두 "정상자와 이상자의 구별은 정상자가
한다"는 이성적인 원칙에 의하여 지지되고 있다.

어떤 때, 예술원 회원을 비예술원 회원이 독점했다고 가정하자.

그들은 즉시 "우리는 예술원 회원이다"라고 선고한다. 그러면 데즈까 오사무의 작품과 똑같은 상황이 된다. 누군가가 "그들은 비예술원 회원이다"라고 적발했다고 하자. 그러면 그 적발이 옳은지는 현존하는 예술원에서 심사하게 된다.

　푸코는 젊었을 때부터 동성애자였는데, 그 일로 심각하게 괴로워하고 자살을 기도한 일도 있다. 그의 학문과 철학은 "정상자와 이상자의 구별은 정상자가 하는 것은 이성적이다"라고 하는 이성의 신념을 허물어뜨리기 위한 것이었다고 해도 좋을 것이다. 푸코는 파리의 살페트리에르 병원에서 1984년 6월 25일에 죽었다. 그가 의학사에서 몇 번이고 소재로 다루었던 병원이다. 사인은 에이즈였다.

제5장

과학이란 무엇인가

러셀: 논리와 경험 사이
비트겐슈타인: 철학적 허망과의 싸움
쿤: 패러다임이 일으키는 '혁명'

러셀: 논리와 경험 사이

20세기는 컴퓨터의 시대라고 한다. 바야흐로 컴퓨터는 귀찮은 계산을 해줄 뿐 아니라 글을 쓰는 일이나 논리적인 사고까지 대신해 줄 수 있게 되어간다.

기계가 사람을 대신한다는 테마는 옛날부터 곧잘 다루어져 왔는데, 이를테면 스위프트는 《걸리버 여행기》에서 자동적으로 문장을 만드는 공장을 그리고 있다. 그 공장에서는 끼어넣기 식의 문자 열(列)을 조합함으로써 얼마든지 끝없이 문장을 만들어 나갈 수 있는 것이다.

그러나 스위프트는 그런 기계를 만들 수 있다는 것을 논리적으로 증명했던 것은 아니었다. 후설이라면, 논리는 인간의 정신만이 그 맛을 알고 있는 과일이라고 말할 것이다. 논리가 기계적인 과정으로 치환(置換)될 수 있다는 것을 증명해 보인 것은 버틀란트 러셀(Bertland Arthur William Russell, 1872~1970)이다.

수학의 체계와 논리의 체계는 아주 흡사해서, 기계적으로 진행할 수가 있다. 그러나 얼마 전까지만 해도 수학적 진리가 기계적으로 도출될 수 있다고 생각한 사람은 없었다.

18세기의 철학자 칸트에 의하면, 수학의 진리는 '종합판단'이다. 내용을 확장해서 판단하는 것이 '종합판단'으로, "오늘은 날씨가 좋다", "당신은 아름답다" 등이 그런 것이다. 종합판단은 기계적·자동적으로 끌어낼 수가 없다. 이와 반대로 "할머니는 노인이다" "독신자는 결혼하지 않은 사람이다" 등 내용에 변화가 없는 판단은 '분석판단'이라고 한다.

종합판단과 분석판단이라는 구별에 다시 '선천적'(아프리오리)과 '후천적'(아포스테리오리)이라는 구별이 겹친다. 선천적이라는 것은 영구 불변의 진리이며, 후천적이라는 것은 경험으로 확인할 필요가 있는 지식이다.

7+5＝12라는 계산은 7+5에서 자동적으로 이끌어 내지기 때문에, 우리는 내용에 변화가 없는 '분석판단'일 것이라고 생각한다. 그러나 칸트는 12라는 것은 독자적 집합을 이루고 있으므로 7+5＝12라는 계산은 '종합판단, 그것도 틀릴 여지가 없는 '선천적 종합판단'이라는 것이다. 이 해석대로 간다면 기하학도 선천적 종합판단이 된다. 이런 생각이 철학의 주류였다.

그런데 19세기말부터 20세기의 초두에 걸쳐, 수학에 대한 이러한 생각에 일대 혁명이 일어났다.

수학의 정리(定理)는 토톨로지

우선 19세기말에 대수도 기하학도 같은 기본원리에 의하여 성립되었다는 것이 밝혀졌다. 우리는 대수는 계산이고, 기하학은 직관에 의한다고 생각하기 쉽지만, 실은 이 둘은 같은 원리로 공리화(公理化)되는 것이다.

다시금 20세기에 들어와, 논리학을 하나의 체계로 통합하는 일이 가능해졌다. 독일의 프레게(Gottlob Frege, 1848～1925)는, 우선 주어와 술어로 되어 있던 논리학을 명제(命題)를 단위로 하여 단문(單文)으로부터 복합문(複合文)을 만드는 절차를 정하고, 참과 거짓이라는 두 개의 값을 갖는 대수로 다룰 수 있게 했다. 다음에 "아킬레스는 달린다"와 같은 문장을 함수로 다루어 '모든'과 '…이 적어도 하나는 있는'이라는 기호를 정해서, '모든'이라든가 '어떤'이라고 하는 양의 한정이 아무리 복잡하게 되어도, 틀림없이 문장이 분석될 수 있게 했다.

러셀은 화이트헤드(North Whitehead, 1861～1947)와 같이 쓴 《프린키피아 마테마티카》에서, 프레게가 독자적으로 만들어낸 엄청나게 복잡한 기호체계를, 영국풍의 실용적인 기호체계로 재구성하여, 논리학의 규칙체계가 수학의 영역을 포함하는 것을 증명해 보였다.

그는 프레게를 따라서 기초가 되는 명제, 이를테면 A명제, B명제를 'A 그리고 B', 'A 또는 B', 'A는 아닌' 하는 식으로 복합시키기 위해 '그리고', '또는', '～는 아닌' 같은 기호를 정의했다. 그리고 이들 명제를 기호에 의하여 중복시켰을 때, 복합된 문장이 어떻게 해서 참과 거짓이 되는지를 정했다.

이를테면 "오늘은 날씨가 좋다"가 참이라고 한다. 그리고 "요시다 시게루는 이미 죽었다"도 참이다. 거기서 생기는 복합문 "오늘은 날씨가 좋으며, 요시다 시게루는 이미 죽었다"는 참이다. 그러나 "오늘은 날씨가 좋든지 (또는) 요시다 시게루는 이미 죽었다"는 참이라고 할 수 있을까? 그것은 '또는'의 기호를 어떻게 정의하는가에 따라 정해진다. 기호의 정의도 일종의 결정의 성질을 가지고 있는 것이다.

러셀은 이와 같이 요소가 되는 명제를 기호에 의하여 조합해 갔을 때, 거기에 여러 가지 정리가 나오고, 그들 정리를 확장해 가면, 다시금 수학의 영역이 포함된다는 전망을 세웠다.

이것은 논리학과 수학의 역사에서 멋있는 사건이었다. 그 때까지 수학의 정리는 종합판단으로서, 수학의 천재의 직관에 의하여 얻어지는 것으로 생각되고 있었다. 그러나 러셀의 증명은, 수학의 정리도 또한 기계적으로 도출된다는 것을 가리키고 있었다.

"수와 수학의 모든 법칙은 논리학으로부터만 이끌어 낼 수 있다"는 입장은, 수학 기초론에서는 논리주의라고 한다. 이를테면 공간 속의 점은 세 개의 실수(實數)의 세트와 같다.

수학의 정리는 '분석판단'이며, 다시 말하자면 수학은 '토톨로지(동어반복)'라고 하는 것이다. 그 때까지 철학자나 수학자에게, A=A와 같은 단순한 것은 토톨로지일지 모르나, 복잡한 수학의 정의도 토톨로지라는 것은 믿을 수 없는 일이었다. 그러나 러셀은 드 모르간(Augustus de Morgan, 1806~1871)의 정리같이 복잡한 정리도 똑같이 토톨로지라는 것을 증명했다.

직접증거와 간접증거

다시 러셀은 이 생각을 밀고 나가, 유럽 사상사에서 합리적이라고 여겨져 온 것에 비합리적인 요소가 섞여 있다는 것을 보여줄 수 있다고 생각했다. 그 때까지 주어와 술어에 의하여 이루어져 왔던 사상을 기호화함으로써 더 자세하게 검토할 수 있다고 생각한 것이다.

이를테면, 유명한 보기로 "현존하는 프랑스 왕은 대머리이다"라는 문장이 있다. 러셀은 이 문장이 옳은지 그른지 문제삼아 보자고 한다. 논리적으로 말하자면, 이 문장은 참이거나 거짓이거나이다.

그런데 이 문장을 검토하려고 하기 전에 큰 문제에 부딪힌다. 이미 프랑스에서는 왕제가 폐지되어 있으므로, '현존하는 프랑스 왕'은 아무 데도 없다. 존재하지도 않는 왕에 대해 대머리냐 아니냐를 물을 수 없는데, 논리적으로 참이거나 거짓이라고 하는 것은 이상한 일이 아닐 수 없다.

곧 '현존하는 프랑스 왕'이라는 존재하지 않는 것을 주어로 삼아 버리면, 마치 그것이 존재하는 것 같은 착각이 생긴다. 이런 착각을 논리학 속에 집어넣으면 논리학의 체계 자체가 이상해진다.

그래서 러셀은 이러한 착각을 배제하는 방법을 생각했다. 이를테면, 주어를 모두 x로 표현하고, 미리 x는 아무 것이라도 좋다고 정한다. 그러고 나서, 이 x는 프랑스인이고, 대머리이며, 현재 살아 있는 자로서…라고 주어 속에 포함되어 있던 문장을 모두 술어 쪽으로 옮겨 놓는다.

이를테면 '소크라테스'라는 이름에는 '독배를 마신 철학자'라든가 '크산티페라는 부인이 있다' 따위의 술어가 달려 있다. 그러나 술어는 단지 달려 있을 뿐이고, '소크라테스'라는 이름이 있다고 해서 그것이 반드시 실재한다고 할 수는 없다. 이 방법으로 러셀은 주어가 된 것은 실재한다는 편견을 제거하는 데 성공했다. 이것이 '러셀의 기술(記述)의 논리'라고 하는 생각이다.

그는 우리의 지식을 직접지식과 간접지식의 두 종류로 나눈다.

"모든 명제에서 모든 구성요소는 실은 우리가 직접 알고 있는 것밖에 없다. 그렇게 보면, 물체라든가 다른 사람의 마음이 알려지는 것은 다만 표시어에 의해서일 뿐이다. 곧 우리는 그런 것을 곧 바로 알고 있는 것이 아니라, 이러저러한 성질을 가지고 있는 것으로 알고 있는 것이다(《표시에 대하여》).

여기서 '표시어'란 전해들은 말을 통합한 것에 지나지 않다. 우리의 과학적 지식의 대부분은, 직접 알고 있는 지식이 아니고, "이러저러한 성질을 가지고 있는 것으로 알고 있다'는 것뿐이다.

이를테면, 지금 책상 위로 컵의 물을 쏟으면 퍼져갈 것이다. 그것을 의심하는 사람은 아무도 없다. 그러나 그것은 간접증거로 알고 있을 뿐이지, 실제로 쏟아본 것은 아니다. 물이라고 하는 '표시어' 속에 잠재적으로 포함되어 있는 지식인 것이다.

논리적 원자론

여기서 다시 러셀은 여러 가지 요소로 이루어진 어떤 지식의 체계는 궁극의 요소로 치환될 수 있다고 생각했다.

"내가 내 설을 논리적 원자론이라고 부르는 것은, 분석의 결과 나타나는 원자로 생각되는 것이 논리적 원자이며, 결코 물리적인 의미에서의 원자가 아니기 때문이다. 그러므로 원자로서 들 수 있는 것은 내가 '개체'라고 부르게 될 것―이를테면, 색깔이나 소리의 작은 통일, 짧은 시간에 잇따라 일어나는 것들―, 또는 술어나 관계와 같은 것이 된다"(《논리적 원자론의 철학》).

러셀은 이것을 다음과 같이도 말하고 있다.

"세계에 존재하는 사물은 여러 가지 특성을 가지며, 여러 가지 상호관계를 보이고 있다. 이 사물들이 이와 같은 속성이나 관계를 가지고 있다는 것은 사실(facts)이며, 사물(things)과 그 사물이 갖는 속성 또는 관계는 명백히 어떤 의미에서 사물이 그러한 특성이나 관계를 가지고 있는 사실의 구성요소이다. 우리는 여러 가지 방법을 씀으로써 언뜻 보아 복잡하게 보이는 사물의 분석을 그 사물에 관한 사실의 분석으로 환원할 수 있다"(《논리와 지식》).

사물을 사실로 치환할 수 있다고 러셀은 말한다. 그러한 사실의 세트로 우리의 합리적인 지식은 이루어져 있다고 생각했다.

러셀에 의하면, 우리의 모든 지식은 직접 보거나 들음으로써 확인되는 '사실'로 치환될 수 있다. 그리고 그 복합 방법은 논리학의 규칙에 의하여 분명해진다.

"논리적으로 완전한 언어에서는, 각각의 단순한 대상에 대하여 하나, 그리고 오직 하나의 말이 해당되고, 단순하지 않은 것은 모두 말의 결합에 의하여 표현되게 된다"(《논리적 원자론의 철학》).

실은 이 주장은 이미 17세기의 철학자 라이프니츠에 의하여 논해졌었다. 라이프니츠는 그 이상 분해할 수 없는 것에 의하여 모든 지식을 싸잡을 수 있다고 생각했다. 나아가 세계에 존재하는 사물도 모나드(Monad)라고 하는 요소의 모양을 취한다고 논했다.

러셀은 라이프니츠의 모나드론을, 기호화된 논리체계 속에 치환함으로써 다시 생각했다고 할 수 있다.

영국 귀족의 면목

러셀은 이와 같이 수리논리학의 세계에서 획기적인 업적을 올렸는데, 그와 동시에 수많은 에피소드를 낳은 인물로서도 유명하다.

이를테면, 그는 교육론의 분야에서도 사람들의 이목을 집중시켰다. 러셀은 과거의 교육이 인간성을 왜곡시켜왔다고 하고 자유학교를 만들었는데, 그 교육내용은 세간의 빈축을 샀다. 그의 학교에서는 어린이들이 나체로 지내고, 아침부터 밤까지 난폭하게 굴뿐 공부도 아무 것도 하지 않았기 때문이다.

또 러셀은 평생, 제대로 대학 선생 노릇을 하지 못했다. 왜냐하면, 그는 여러 차례 결혼과 이혼을 거듭했기 때문이며, 영미 사회는 끝까지 그를 제대로 된 사회인으로 받아들이지 않았던 것이다.

저널리즘을 떠들썩하게 한 평화운동에서도 화제는 끊이지 않았다. 구 소련이 원폭을 안 가졌을 시대에는, "소련 따위는 원폭으로 으깨버려라" 하는 발언을 했는가 하면, 구 소련이 원폭을 소유하게 되면서부터는 "죽는 것보다 빨갱이가 낫다"고 논하면서 평화를 주장했다. 또 "자기는 젊어서는 논리학을 했지만, 나이 들어 머리가 돌지 않게 되었기 때문에 평화운동을 시작했다"고 태연히 말한 일도 있다.

러셀은 주위의 소리에는 아랑곳하지 않고 발언하고, 대담하게 행동했다. 그런 의미에서 그는, 논리적 일관성을 가지고, 영국 귀족의 독립적이며 구속을 받지 않는 정신을 끝까지 지킨 인물이었다고 할 수 있을지도 모르겠다.

비트겐슈타인: 철학적 허망과의 싸움

　러셀이 '현존하는 프랑스 국왕'을 분해한 방법을 모든 언어에
적용했다고 하자. 복합적인 것이 모두 단순한 요소 (논리적 원자)
에 다다를 것이다. 논리적인 원자란, 색깔이나 소리의 작은 통일
체, 짧은 시간에 잇따라 일어나는 사건, 술어나 관계이다.

　이런 의미의 원자 수준에서, 언어와 실재가 대응하고 있다면,
그것은 어떻게 설명될 수 있을까? 우리가 세계를 언어로 기술할
수 있는 것은 도대체 어째서인가? 또는 세계를 언어로 기술한다
는 것은 도대체 어떤 것인가?

　이 문제에 대해, 선구적인 뛰어난 성과를 보인 것이 L. 비트겐
슈타인(Ludvig Wittgenstein, 1889~1951)이었다. 그는 《논리철학
논고》라는 단편적인 말을 모은 이상한 책을 써서, 현대철학의 세
계에 극적인 효과를 미쳤다.

　언어는 따로 흩어져 있는 원자와 같은 것이다. 언어는 다른 것
으로부터 독립해서 이루어져 있다. 그러면 세계 자체도 역시 그렇
게 단순하게 이루어 있는 것일까? 세계에는 단순한 요소는 없는
데, 언어에만 단순한 요소가 있는 것인가? 또는 세계 자체에 단순

한 요소가 있는가?—라는 문제가 있다. 비트겐슈타인의 이 《논리
철학 논고》에서 조립된 상(像)이란 것은 세계 자체에 단순한 요소
가 있다는 상이었다. 이 철학은 숫자가 붙여진 이상한 문장으로
되어 있다.

 1 세계란 현실로 생기하고 있는 것의 전부이다.
 1-1 세계는 사실의 총체이며, 물(物)의 총체는 아니다.
 2 현실로 생기하고 있는 것, 곧 사실이란 뭇 사태가 성립되어 있
   는 것이다.

 곧 세계에는 사물이 널려 있는 것이 아니라, 사태가 널려 있다
는 것이다. 그 사태란, 이를테면 "지금 비가 오고 있다" 또는 "테
이프 녹음기가 돌고 있다"처럼 어떤 사태가 성립되어 있다고 하
는 것이다.
 그리하여 이 사태는 서로 독립된 것인가 아닌가가 문제되지만
'2-061'이라는 문장에서 비트겐슈타인은 "사태는 서로 독립해 있
다"고 말한다. 사태가 어떻게 서로 독립인지 그 논거는 말해지지
않았다. "테이프 녹음기가 돌고 있다"는 사태는 "비가 온다"는 사
태와는 독립해 있을 것이며, 또는 "테이블 위에 꽃병이 놓여 있
다"는 사태와도 독립해 있다.

사상이란 유의미한 명제이다

 그런 사태에 대해 우리는 어떤 자세를 취할까?

2-1 우리는 사실의 상(像)을 만든다.

(…)

2-11상은 사실이다."

이를테면, 나에게 갑자기 전화가 걸려 왔다고 하자. 친구들이
이 방에 와서 무슨 이야기를 하려고 한다. 그 때, 테이프 녹음기가
돌아가고 있으니 이야기하지 말아달라고 생각했을 때, 나는 어떻
게 할까? "테이프 녹음기가 돌아가고 있다"는 시늉을 한 다음, 입
에 손을 대고 "잠자코 있어"라는 신호를 보낼 것이 틀림없다.

이처럼 "테이프가 돌아가고 있으니", "잠자코 있으라"는 것을
몸짓으로 나타내는 경우, 그 몸짓은 "테이프 녹음기가 돌아가고
있는 것"을 나타내는 상이다. 상에는 여러 가지 모양이 있으며, 상
은 그 자신이 하나의 사실이라고 비트겐슈타인은 말하고 있지만,
상은 몸짓으로 나타낼 수도 있고 언어로도 나타낼 수 있다.

우리가 사물을 파악하는 것을 '사상'(思想)이라고 한다면, 사상
에 의미가 있다는 것은 무슨 일일까? 비트겐슈타인은 말한다.

4   사상이란 유의미한 명제이다.

4-01 명제는 현실의 상이다.

우리들의 생각에 의미가 있다는 것은 무엇인가를 나타내고 있
다는 것이지만, 무엇인가를 나타낸다는 것은 '명제가 현실의 상'
이 되어 있다고 하는 것이다. 그리고 그는 계속한다.

4-11 참된 명제의 총체가 바로 모든 자연과학이다.

4-111 철학은 자연과학의 하나는 아니다.

명제란 일반적으로는 주어와 술어를 갖추고 있으며, 참과 거짓이라는 값을 갖는 것이다. 그러나 실제로는 주어와 술어가 없는 것도 많다. 이를테면 영어로 "It rains"하지만, 영어 이외의 언어에서는 'It' 없이 'rains'라고 하는 것 같은 어법도 있다. 그러므로 명제란 참과 거짓이라는 값을 갖는 언어표현이라고 하는 것이 좋을 것이다.

이렇게 해서 비트겐슈타인은, 세계를 베껴낸다는 의미를 갖는 명제들의 집합이 자연과학이라고 표현했다. 이것은 말하자면 매우 단순한 것이지만, 이 단순한 것을 말하기 위해서는 여러 가지 기호적 처리가 필요했다.

토톨로지의 증명

이 기호적 처리에 대하여 비트겐슈타인은 매우 독창적인 발견을 했다. 그것은 기호 조작에 의하여 새로운 명제가 생길 때, 그 양쪽이 참인 경우에는 토톨로지(동어반복)라는 것이다. 우선, 어떤 기호의 집합인 명제가 참이라고 하자. 그 기호를 조작에 의하여 다시 구성하여 다른 명제를 만들었을 때, 만들어진 명제가 참이 될 조건은, 내용이 없이 단지 그 명제를 기계적으로 치환하기만 한 것 (토톨로지)이라는 말이 된다.

비트겐슈타인은 다음과 같이 말하고 있다.

4-46 진리조건의 가능한 그룹 중에 두 개의 극단적인 경우가 있다.

첫째 경우에는, 명제는 요소명제의 모든 진리가능성에 대하여 참이 된다. 우리는 그 진리조건은 토톨로지적이라고 한다.

둘째 경우에는, 명제는 요소명제의 모든 진리가능성에 대해 거짓이 된다. 곧, 진리조건은 모순적이다.

우리는 명제를 첫째 경우에는 토톨로지, 둘째 경우에는 모순이라고 한다.

요소명제란 고쳐 구성할 때에 바탕이 되는 명제이다. 이 요소명제의 어떤 것을 가지고 와도 그 새로 구성한 명제가 참이 되는 명제는 토톨로지적이라고 한다. 제일 간단한 보기는 A=A라고 하는 동등명제일 것이다.

비트겐슈타인은 이와 같이 기호의 조작에 의하여 참인 것 같은 명제 군은 토톨로지라는 특색을 갖는다는 것을 발견했다. 그의 증명방법은 매우 훌륭한 것이어서, 그 후 논리학에서 항상 사용하게 되었다.

6-1   논리의 명제는 토톨로지이다.

6-11   그러므로 논리의 명제는 아무 것도 말하지 않는다 (그것은 분석적 명제이다).

6-1222 이것은 왜 논리의 명제가 경험에 의하여 확증도 반증도 안 되는가에 대한 물음에 빛을 던진다.

논리란 것은 경험에 의하여 반증(反證)되는 일도 없고, 경험에 의하여 확증되는 일도 없다. 그러므로 논리는 경험으로부터 독립된 진리성을 가지고 있지만, 그 진리성이 보증되는 논리형식이란 것은 토톨로지라는 것이다. 이것에 의하여 칸트의 경우에는, 선천적과 후천적이라는 구분과 종합적과 분석적이라는 구분이 겹쳐 네 개의 판단으로 분류되었었는데, "선천적 종합판단은 없다"는 것이 밝혀졌다. 곧 선천적 분석판단과 후천적 종합판단이라는 두 가지 것만이 있다고 생각해도 무방하다.

여기서 생긴 것이, 논리실증주의라는 사상이었다. 논리실증주의는 선천적인 분석명제와 후천적인 종합명제만 있다고 하는 주장과 실질적으로는 다르지 않지만, 동시에 환원주의(還元主義)와 원자론의 성격이 뚜렷해진다.

요약하면 이렇게 된다.

1. 종합명제는 요소명제의 진리 함수로 분석할 수 있다.
2. 요소명제는 감각적 경험에 대한 원자적 명제로 환원된다(1, 2의 조건을 채우면, 검증가능성을 채우는 것이 된다).
3. 논리학의 명제와 수학의 명제는 사실과 부합하지 않아도 참, 거짓을 결정할 수 있다.

비트겐슈타인이 논리실증주의자였는지 아닌지에 대해서는 강한 의심이 제기되고 있다. 그러나 이 전기의 비트겐슈타인의 사상에 의하여, 논리실증주의가 아주 큰 힘을 얻은 것은 사실이다.

후기 비트겐슈타인으로

그런데 《논리철학 논고》를 낸 이후, 비트겐슈타인은 아무 것도 쓰지 않고 침묵하고 있었다. 이 침묵에 대하여는 여러 가지 설이 있지만, 사상적으로는 다음과 같이 말할 수 있을 것이다.

토톨로지만이 세계의 경험으로부터 독립된 논리라고 하는 입장을 취하면, 수학의 진리나 논리의 진리는 모두 토톨로지라고 생각된다. 그렇다면 언어는 세계를 베끼는 상(像)이라는 견해는 옳은 것일까? 언어는 세계를 정말 포착하고 있는 것일까?

첫째로 언어가 사실을 기술하려는 목적으로만 사용된다는 것은 이상하다. "불이야"라고 했을 때, 화재라는 사실에 대해 말하고 있는 것이 아니라, "불이 났으니 피하시오"라든가, "조심하세요"라는, 어떤 행위를 환기하고 있다. 언어가 하나의 행위를 이루고 있다고 해도 된다.

둘째로 문장이 사상(寫像) 곧 사물의 모양을 베낀다는 것으로써 본질적인 의미를 얻고 있다는 것은, 언어란 존재를 너무 좁게 이해하는 것은 아닐까?

셋째로 어떤 언어도 논리적인 계산의 형식이 가지고 있는 극히 명확한 수학적 형태로 밝혀진다고 생각했는데, 이것 또한 너무 좁은 견해가 아닐까? 이런 점을 비트겐슈타인 자신이 반성하게 되었다.

"나는 일찍이 다음과 같이 썼다. '명제는 자 막대기처럼 현실에 갖다 대어진다. 첫 번째 눈금만이 측정되는 대상에 닿는다.' 그러나 지금으로선 차라리 다음과 같이 말할 것이다. 명제의 체계가 자 막대기처럼 현실에 대어진다고. 낱낱의 눈금이 아니라 눈금 전체를 갖다 대는 대상이 10의 눈금까지 이르렀음을 알았을 때, 나는 동시에 그 대상이 11, 12 등의 눈금에 이르고 있지 않음도 안다. 어떤 대상의 길이를 기술하는 뭇 언명(言明)은 하나의 체계, 명제의 체계를 구성하고 있는 것이다. 이와 같은 명제의 체계 전체가 현실과 비교되는 것이며, 하나의 명제가 현실과 비교되는 것은 아니다(《비트겐슈타인과 빈 악단》).

그러면 도대체 어떻게 하여 언어의 의미가 성립되는 것일까? 비트겐슈타인이 제시하고 있는 보기는 석수장이가 일을 하면서 "해머"라고 하면, 조수가 해머를 건네주는 것과 같은 사태이다. 수술 때에 집도하는 외과의가 간호사에게 도구를 건네줄 때의 장면을 생각하면 좋다. 말을 하면, 그 말에 대응하는 실물이 손에 들어온다.

"어떤 소박한 말을 생각해 보자. 돌을 쌓는 사람 (A)와 조수 (B)와의 사이에 의사소통에 사용되는 언어이다. A씨는 석재를 쌓아 집을 세우고 있다. 석재에는, 바닥돌, 기둥돌, 판자돌, 들보돌이 있다. B씨는 A씨에게 A씨가 필요로 하는 차례로 돌을 건네지 않으면 안 된다. 그러기 위해 그들은 '바닥돌' '기둥돌' '판자돌' '들보돌'이라는 네 개의 말로 이루어지는 언어를 쓰고 있다. A씨는 이들 중의 어느 것을 외친다. B씨는 그 외침에 응해서 가지고 간다. 이 언어를 완전한 원시언어라고 생각하라"(《철학탐구》).

거기에 무슨 순수한 의미(이데아로서의 바닥돌)가 있다는 식으로 말해도 좋고, 의미가 없다고 말해도 좋다. 모름지기 언어의 의미가 무엇이냐고 말하는 것 자체가 거의 의미가 없는, 언어를 매개로 한 인간의 주고받는 세계가 있는 것이다. 이것을 그는 '언어게임'이라고 한다.

철학의 구실은 무엇인가?

"우리는 언어의 사용을 엄밀한 규칙에 따라 게임을 하는 것과 비교하자. 왜냐하면 모든 철학문제는 하나의 지나치게 단순한 규칙들을 만드는 데서 오기 때문이다. 철학자들은 규칙들의 표를 만들려고 하다, 그들의 발을 헛디디게 하는 극히 많은 것들, 이를테면, 유추가 있기 때문에, 규칙을 잘못 만들게 되는 것이다.…

기묘하게도 언어를 게임으로서 생각할 때, 말의 사용은 어디까지나 게임 안에 있지만, 그 의미는 게임 바깥에 있는 어떤 것을 가리키고 있는 것처럼 생각되기 쉽다. 그렇게 되면, '의미'와 '사용'은 동등하지 않게 될 것이다. 하지만 이것은 오해를 가져올 뿐이다.

내가 자네에게 "이것은 초록이다" 하면서 견양을 주고, 어떤 초록의 것을 가져오도록 했다고 하자. 만약 자네가 노란 것을 가지고 와서, 내가 이것은 나의 초록의 관념에 일치하지 않는다고 말했다고 하면, 나는 자연의 사실을 기술하고 있는 것일까? 그렇지 않다. 노란 것이 초록색 견양과 일치하지 않는다고 하는 것은, 일치에 대하여 규칙을 부여하는 것이다. 노란색이 초록색에 일치하지 않는 것은 초록색이나 노란색의 본성상의 어떤 것으로부터 귀결하는 것이 아니다. 나는 초록색에 일치하지 않는 것이란 초록색과 함께 하면 불쾌하게 보이는 것이라고 할 수도 있었으며, 그리고 그 때 노란색은 초록색과 일치한다고 말해질지도 모르는 것이다. 어떤 것이 어떤 관념과 일치한다거나 일치하지 않는다고 말해진다 해도, 그 일치와 불일치는 우리가 발견하는 것이 아니다. 일치, 불일치는 규칙으로서 정해지는 것이다. 그리고 규칙은 소용이 있거나 없거나이다(《비트겐슈타인의 강의―케임브리지 1932~1935》).

우리는 그와 같은 말을 주고받는 중에, 이 규칙에 따르면 제법 잘 주고받을 수 있는 사태가 있다. 그런 사태 속에 철학자들은 의미가 성립된다거나, 순수한 본질이 있다고 설명을 가하고 있는 것

뿐이다. 이것이 후기 비트겐슈타인의 철학의 핵심이다.

　이 때 분석명제와 종합명제라고 하는 두 명제가 있어, 언어 게임은 종합명제에 대응한다는 해석을 허용하는지 어떤지는, 비트겐슈타인의 말로부터는 답을 끌어낼 수 없다. 그는 분석명제와 같은 선천적인 진리가 존재하지 않는다는 태도를 보이고 있지 않다. 도리어 '규칙'이라는 형태로 분석명제가 아닌 것에 대해서도 선천적인 통합의 기능을 인정하려고 하는 것처럼 보이기도 한다.

　선천적인 관념이 일반으로 존재하는가? 분석명제와 종합명제의 구별은 언제나 확실히 가능하다고 할 수 있는가? 만일 그렇지 않다면, 선천적(아프리오리)와 후천적(아포스테리오리)이라는 구별도 엄밀하게는 불가능해지는 것이 아닐까? 이들 문제를 살짝 피하고, 언어 게임을 꺼내는 것이라면, 도대체 이 언어 게임으로 번역은 성립되어 있는가 하는 문제가 생긴다. 이것이 이 책의 맺는 말에서 다루는 콰인의 문제 제기에 이어진다.

쿤: 패러다임이 일으키는 '혁명'

20세기는 과학이 비약적으로 발전한 세기이기도 했지만, 동시에 과학에 대한 회의가 생긴 시대이기도 하다.

19세기에는, 과학은 실험과 관찰을 거듭해 가면 새 법칙이 차례로 발견된다고 생각되었다. 물론 과학이 가져다주는 성과에 의문을 갖는 사람도 없지 않았지만, 과학이 완만한 상승곡선을 그리며 진보해 간다는 것은 자명한 일로 생각되었다. 그것은 20세기가 되어서도 과학자를 사로잡고 있었던 생각이었다.

그런데 미국의 과학사학자 토마스 쿤(Thomas Samuel Kuhn, 1922~1996)은 1962년에 《과학혁명의 구조》를 써서, 이러한 과학의 진보에 대해 정면으로 의의를 제기했다. 과학이 사실의 자료를 누적하는 것으로 완만하게 발전한다는 것은 거짓말이라는 것이다.

그에 따르면 누적을 통해서 과학이 발전해간다는 견해는, 결과를 나중에 보았을 때 생기는 교과서풍의 인식이며, 현실의 과학은 좀더 지그재그의 걸음을 걷고 있다는 것이다.

"만일 과학이란 것이 현재의 교과서에 모아져 있는 것 같은 사실, 이론, 방법의 동아리라면, 과학자란 어떤 일정한 무리에 성공 여부를 떠나서, 어떤 요소를 더하려고 애쓰고 있는 인간에 지나지 않는다. 그렇다면 과학의 발전이란, 과학지식이나 기술의 산을 점점 높게 쌓아 올리는 과정에 지나지 않다.…그렇다면 과학의 발전에 대하여 역사가가 하는 일은 오직 두 가지 뿐이다. 그 하나는, 누가 언제 어떤 시점에 과학의 사실, 법칙, 이론을 발명, 발견했는가를 정하는 것이다. 또 하나는 현대 과학의 교과서의 구성요소의 집적에 장애를 준 잘못, 미신, 미신의 산을 서술하고 설명하는 것이다. 지금까지 많은 연구가 이 방향을 향하고 있으며, 지금도 계속되고 있다"(《과학혁명의 구조》).

변모하는 과학사

역사 전반이 그렇지만, 특히 과학사는 일어난 사건을 나중에 바라보는 관점에서 쓰여 있다. 마치 사건이 처음부터 뻔히 알고 있는 필연적인 것인 양 서술되어 있다. 이기면 충신이라는 말이 있지만, 승리자는 처음부터 승리하게 되어 있었던 것처럼 그려진다.

최근의 과학자들은 그런 완만한 과학의 걸음이라는 견해가 실은 과학사를 쓴 교과서 편집자들의 짐작에 지나지 않다는 것을 알아차리기 시작했다. 과학이란 실험을 통해 잘못을 밝히고, 바른 법칙을 진리로 이끌어내는 과정이라고 여겨져 왔는데, 실제로는 그렇게 간단하고 단순한 것이 아니다.

이를테면 18세기경에는 연소(燃素; phlogiston)설이 그럴듯하게 제창되고 있었다. 물체의 연소(燃燒)는 물체에 플로지스톤이라는 요소가 들어 있어서, 이 물체가 연소할 때 나온다는 설이다.

실제로는 연소란, 물체가 공기중의 산소와 화합하는 것이므로, 연소 후에 전체의 무게는 증가하게 된다. 플로지스톤이라는 요소가 빠져 나가는 것이라면, 전체 무게는 줄어들게 되므로, 엄밀한 실험을 하면 이 설의 잘못은 금세 알 수 있을 것이다.

그러나 우리가 보통 관찰하는 현상으로는, 물체는 연소함으로써 체적이 준다. 타면 재가 되어 먼저 양에 비하면 미미한 것이 된다. 이것은 무엇인가가 빠져 나갔기 때문이라고 생각해도 그렇게 이상하지 않다.

만일 엄밀하게 재 이외에 연기나 이산화탄소, 그 밖의 산화물을 모아서 그 무게를 달고, 연소에 의하여 중량이 증가한 것을 확인했다고 해도, 플로지스톤이라는 요소의 질량은 마이너스의 것이라고 가정한다. 그러면, 연소는 플로지스톤의 방출이라는 설명이 성립한다. 곧, 플로지스톤 설은 단지 연소 전과 연소 후의 중량 비교로 논박될 수 있는 것은 아니다.

쿤이 든 보기는 아니지만, 같은 것은 파스퇴르의 학설에 대해서도 말할 수 있다. 파스퇴르는 병은 몸 바깥에서 들어가는 병원체에 의하여 일어난다고 생각했다. 그리고 동시에 그는 당시 유포되고 있었던 자연발생설을 부정했다.

자연발생설이란, 상자 안에 쓰레기를 담아두면 그것이 쥐가 된다는 황당무계한 설이지만, 19세기에는 상당히 널리 신봉되고 있었다. 헌 와이셔츠를 광주리 안에 넣어두면 토끼가 생긴다는 미신도 여기서 생겼다.

이를테면 몸 안에서 회충이 발견되었다고 하자. 현대의 과학자라면 밖에서 알의 형태로 체내에 들어가 그것이 부화되어 몸 안에 서식하게 되었다고 생각한다. 그런데 자연발생설에서는 인간의 일부가 자연발생에 의하여 회충으로 변했다고 생각하는 것이다.

파스퇴르의 설로는, 병은 밖으로부터 병원체가 침입하기 때문에 생기는 것으로서, 몸 안에 원인이 있는 것이 아니다. 하물며 몸의 일부가 변해서 병원체가 되는 일은 있을 수 없다. 곧 그의 병원체 설과 자연발생설의 부정은 안팎이 같은 것이었다.

우리는 이미 파스퇴르 설이 옳다는 것을 알고 있으므로, 자연발생설은 황당무계하여 하찮게 여길 것이다. 그러나 당시는 그렇게 간단히 파스퇴르의 생각이 받아들여지지 않았다.

파스퇴르는 자기의 설을 실증하기 위해 고초균(枯草菌)을 액체에 넣고 마시면 열병에 걸린다고 발표했다. 고초균이 몸 안에 들어가면 반드시 발병한다고 주장한 것이다. 그런데 파스퇴르에게 반대하는 학자 중에 "그러면 내가 마셔보겠다"며 실제로 고초균이 든 액체를 마셔버린 이가 있었다. 그리고 이 학자는 열병에 걸리지 않았다.

실험이 모든 것의 기준이라면, 이것은 파스퇴르가 진 것이다. 그리고 병원체는 없는 것이 되고, 나아가 자연발생설도 부정할 수 없게 된다. 물론, 실제로는 파스퇴르가 옳았다. 더 잘 조사해 보니, 이 균은 환경에 따라서는 망토 같은 것을 뒤집어쓰고 병원체 구실을 못하는 특별한 성질을 가지고 있었다.

새로운 견해가 일으키는 혁명

과학의 일반적인 견해부터 말하자면, 관찰에 기초하여 가설이 세워지고, 실험으로 옳은지 그른지가 판별된다. 이것이 16세기 이래, 인간이 생각해온 실험과학의 진보의 개요이지만, 실은 이대로 되지 않는다.

새로운 생각이나 견해가 나왔을 때, 사람들은 어떻게 받아들이는 것일까? 이를테면 20세기가 되어, 플랑크나 아인슈타인 등에 의하여 빛은 입자(粒子)라고 하는 설이 전개되기 전에는, 물리학의 교과서에는 빛은 파동이라고 쓰여 있었다. 이것은 19세기 초에 생긴 것인데, 그 이전에는 빛은 입자로 되어 있었다.

"18세기에는 이 분야의 패러다임은 뉴턴의 《광학》에 의하여 주어진 것으로서, 거기에는 빛은 물질 입자라고 기술되어 있다. 당시의 물리학자들은 파동설(波動說) 이론가들과 달리, 고체에 미치는 빛의 입자의 압력의 증거를 찾고 있었다"(앞의 책).

새 견해가 나오면, 낡은 견해를 가진 쪽에서 보면, 그것은 전혀 틀린 생각으로 받아들여진다. 더욱이 그것이 옳은지 그른지를 엄밀하게 판단하기가 어려운 것이다.

이를테면 진공에 대하여, 아리스토텔레스는 진공은 존재하지 않는다고 생각했으며, 데카르트도 마찬가지였다. 극히 최근까지 사람들은 우주공간이 에테르라고 하는 물질로 가득 차 있다는 가설을 믿고 있었다.

진공이 없다는 논거의 하나로, 아무 것도 없는 공간 가운데를 빛이 지나간다는 것은 있을 수 없다는 것이 그 이유였다. 빛의 입자설을 취하더라도, 입자인 빛은 에테르의 원자 가운데를 피하면서 지나간다고 생각되었다. 지금 보면 기묘한 설이지만, 설 자체는 플로지스톤설이나 자연발생설과 마찬가지로, 실험만으로는 부정할 수가 없다.

과학자들은 얼마든지 자기 설이 성립할 수 있는 가설을 세울

수가 있으며, "자기 설에 잘 맞지 않는 다른 관측에는 그 자리만
의 설명이 주어지던가, 더 연구할 필요가 있는 것으로 방치된다."
곧 과학은 실험만으로 이루어져 있는 것이 아니라, 여러 실험을
성립시키고 있는 전제가 존재하고 있다는 것이 된다.

사고방식의 틀 = 패러다임

이 전제를 토마스 쿤은 '패러다임'이라고 했다. 패러다임이란,
중심이 되는 생각(central dogma)이라고 불리는 견해의 가장 앞에
있는 한 세트의 전제이다.

"이 '패러다임'이란, 일반으로 인정된 과학적 업적으로 한 시기
동안 전문가에게 묻는 방식이나 답하는 방식의 모델을 주는 것이
다"(앞의 책).

과학자들은 이 한 세트의 패러다임 아래서 실험을 하고, 다시
실험을 거듭해 가는 중에 과학은 점차 진보해 가지만, 그것은 어
디까지나 패러다임 아래서인 것이다.

그런데 그 패러다임을 뒤집어엎고, 전혀 다른 패러다임이 생기
면, 이번에는 그 새 패러다임 아래서 실험이 거듭된다. 이를테면
천동설이 패러다임이었을 동안에는, 천동설에 서서 관찰이 거듭
되고 이론이 수립되며 지동설이 옳다면, 지동설에 의하여 관측이
이루어지고 천체의 운행을 설명하려고 한다.

따라서 단지 관찰의 데이터를 누적하면 과학이 진보한다는 생
각은 잘못된 것이다. 패러다임이라는 기본 틀이 바뀌느냐 안 바뀌
느냐의 여부가 과학 전체의 성격을 결정하고 있다고 쿤은 생각했
다. 그리고 이 패러다임이 변환하는 시기를 '과학혁명의 시대'라

고 불렀다. 그리고 과학혁명에 의하여 패러다임이 변환하고 나면, 그 이후는 그 패러다임 아래서 '통상과학'이 발전한다고 그는 말한다.

"이 책에서 '통상과학'이라고 할 때는, 특정한 과학자 집단이 일정기간 동안, 일정한 과거의 과학적 업적을 받아들이고, 그것에 바탕하여 진행시키는 연구를 의미하고 있다. 오늘날 그와 같은 기초적 업적을 하나하나 들 수 있지만, 그것들이 과학 교과서에서는, 초보적인 것이든 고등한 것이든, 원형을 지니고 있기는 드물다. 교과서에서는 일련의 정설(定說)을 설명하고, 그 응용을 보여주고, 나아가 그 적용의 보기와 관측·실험을 비교한다"(앞의 책).

마치 우리 사회가 혁명을 통해서 새 헌법을 만들고, 새 헌법 아래서 사회건설이 이루어지지만, 다시 새 혁명이 일어나면, 다른 헌법 아래 다른 사회를 만드는 것과 유사하다.

패러다임 간의 상극

그러면 다른 패러다임이 서로 부딪히면 어떻게 되는 것일까? 어느 패러다임이 옳은지를 정할 수는 있는 것일까?

"무엇이 문제이고, 무엇이 해답인가에 대하여, 두 학파의 의견이 일치되지 않는 한, 그들은 서로 철저하게 논의하여 각각의 패러다임의 장점을 비교하지 않을 수 없다. 그 결과 다소 순환론적인 논의가 되지만, 각각의 패러다임은 자기 자신의 기준은 잘 채우지만, 상대방의 기준의 얼마는 채울 수 없다는 것이 알려진다"(앞의 책).

그러나 결국 쿤은, 각각의 패러다임 사이에는 공통의 결정방법은 없다는 결론에 도달했다. 이것은 "과학의 패러다임과 패러다임 사이에는 불가통약적(不可通約的; incommensurable)이다"라는 견해 인데, 다시 말하자면, 공통의 분모가 없다는 것이다. 곧 어떤 패러다임 아래서 진리인 것도 다른 패러다임 아래서는 진리가 아니라는 상대주의적 견해로 귀착된다.

그 때까지 과학은 절대로 확실한 궁극의 진리로 향해 가고 있다는 견해가 일반적이었다. 쿤은 패러다임 상대주의라고 할 수 있는 새 견해를 제시한 것이다.

이 패러다임론을 보충하고 강화하기 위하여, 파이어아벤트(Paul Feyerabend, 1924~1994)나 핸슨(N. R. Hanson, 1924~1967) 등이 다시금 패러다임 사이의 불가통약성을 강조했다. 핸슨은 "우리가 어떤 것을 관측하거나 데이터를 취할 때는, 바탕이 되는 이론, 말하자면 배경이 있고, 그 이론이란 것에 데이터는 구속되어 있다"고 말하고 있다. 이것은 '관측의 이론 부하(負荷)성'이라는 설이지만, 쿤도 이 핸슨의 논의를 고민 끝에 받아들이고 있다.

그러나 이 언저리에 패러다임론의 문제점이 있다고 할 수 있을 것이다. 일반으로 과학상의 이론이나 입장이 패러다임에 의하여 크게 영향을 받고 있는 것은 사실이다. 또 관측 데이터가 특정한 이론의 영향을 받고 있는 것도 확실하다. 그러나 관측 데이터에 영향을 주고 있는 이론, 이를테면 관측 데이터가 특정한 이론에 영향을 받은 것이라고 해도, 데이터 자체가 다른 패러다임 사이에 걸쳐서 사용되는 일은 얼마든지 볼 수 있다. 천동설의 데이터는 지동설의 설명에도 사용되었다.

쿤의 '과학혁명' 이론은 확실히 과학의 생각을 바꿨지만, 그렇다고 해서 과학이 부정된다거나, 다른 패러다임으로 아주 다른 종류의 과학이 생겨난다는 것을 뜻하지 않는다.

　쿤의 패러다임론은 과학사 기술(記述)의 양식으로서는 훌륭한 생각이었다. 어떤 공통의 전제(센트럴 도그마) 아래 부분적으로 법칙이 정정되거나 부가되거나 하는 것과 그 공통의 전제 자체가 전환하는 것과는 과학적인 발견의 논리구조가 틀리다. 그러므로 어떤 국면에서는, 패러다임 전환이라는 형태로 과학사적인 전환을 그려내지 않을 수 없다. 그러나 이 과학사 기술 양식의 하나를 과학철학의 원리처럼 다루었다는 점에 잘못이 있다.

　현대에서 대규모의 패러다임 전환은 자연과학의 영역에서는 일어나지 않고 있다. 과학 저널리스트 중에는, 모든 원소가 낱낱이 밝혀지고 원소의 주기율표가 완성된 것 등을 논거 삼아 "더 이상 과학혁명은 일어나지 않는다"고 예언하는 사람도 있다. 이상하게도 과학혁명이 현실적으로 소리를 죽이고 잠잠해지는 무렵에 쿤의 과학혁명론은 요란스럽게 인기를 끌었다. 그러나 새 패러다임 아래 새 과학을 창조한다는 선전으로 실현된 것은 하나도 없다.

제6장

사회성과 정의

롤즈: 정의의 소리와 공민권
하버마스: 최대의 지적 정보통

롤즈: 정의의 소리와 공민권

벤담이나 밀의 공리주의의 생각으로는, 사회의 정의는 '최대 다수의 최대 행복'을 추구하는 것이라고 할 수 있다. 그러나, 이 '최대 다수의 최대 행복'은 어떻게 하면 계산될 수 있을까?

이를테면 부자인 '(부)씨'가 있고, 한편 가난한 '(가)씨'가 있다고 하자. 이 두 사람이 사회의 성원인 경우, 사회 전체의 소득의 총량을 늘리는 방법에는, (부)씨와 (가)씨 양쪽이 는다, (부)씨가 늘고 (가)씨가 준다, (부)씨가 줄고 (가)씨가 는다, (부)씨와 (가)씨 양쪽이 준다는 네 경우가 생각될 수 있다.

이 네 경우, 양쪽의 소득이 느는 경우에는 아무도 불평하지 않지만, (부)씨가 늘고 (가)씨가 줄지만 전체의 소득은 느는 경우는 어떨까? 곧, 가난한 사람을 희생으로 하여 사회 전체의 부를 늘리는 일이 허용되느냐 하는 문제가 있다.

미국의 존 롤즈(John Rawls, 1921~2002)가 1971년에 출판한 《정의론》이란 책은 이런 물음에 답하려는 것이었다.

1971년은 미국에서 공민권운동이 대단히 성했던 해이다. 미국 내에서는 '지금까지 혜택받지 못했던 사람들에게 더 많은 권리를

부여하라'는 운동이 크게 소용돌이치고, 특히 흑인의 권리회복이
강조되고 있었다. 롤즈의 책은 이런 시대적 배경 속에서 세상에
나왔던 것이다.

롤즈의 《정의론》이란 무엇인가?

롤즈의 주장의 기본은, 사회 속에서 단순히 평등을 실현하라고
는 하지 않지만, 불평등에도 한도가 있다, 적어도 (가)씨가 손해를
보고 (부)씨가 득을 보는 일이 없도록 해야 한다는 것이었다.
　그는 그 제1원리를 다음과 같이 말하고 있다.

　【제1원리】각 사람은 평등한 기본적 제 권리·제 자유의 충분히 적
　정한 제도적 보장을 요구할 수 있는, 정당한 자격을 똑같이 가지고 있
　다. 단 충분히 적정한 보장이란 것은, 전원이 동등한 보장을 받고 있
　는 상태와 양립될 수 있는 한에서의 것이다. 그리고 이런 제도적 보장
　을 통해, 평등한 정치적 자유의 공정한 가치가 확보되지 않으면 안 된
　다("'공정으로서의 정의'로부터 '정치적 리벌러리즘'에로").

곧 사회 전체에 평등이 고루 퍼져서 그 평등과 모순되지 않는
형태로라면, 누구라도 기본적인 권리를 요구할 수 있다.
　이 제1원리는, 주로 정치적 권리에 대하여 말하고 있는 것이지
만, 직업선택의 권리도 포함되어 있는 것으로, 어떤 자리에 앉는
권리에 대해서도 같은 말을 할 수가 있다.
　다음, 제2원리는 경제적인 것에 대하여 말하고 있다.

【제2원리】사회적·경제적 불평등은 다음의 두 조건을 충족시켜야 한다―①공정한 기회 균등이란 조건 아래, 전원에게 개방된 직무나 지위와 결부된 불평등에 한할 것 ②사회에서 가장 불우한 성원에게 최대의 편익이 되는 불평등일 것"(앞의 책).

두 개의 조건 중 ①은, 이를테면 계장은 평사원보다 많은 급료를 받고 있으므로 확실히 평등하지 않을지도 모르지만, 계장이 되는 기회가 공정하게 열려 있다면, 그 불평등은 상관이 없다는 것이다. ②의 조건은, 결국은 부자가 아닌 사람들에게도 이익을 끼치는 불평등이라면, 그 불평등은 인정해도 좋다는 것이다.

롤즈는 이처럼 정의의 기본원리를 평등과 불평등으로 엮어서 표현하여, 불평등의 한계를 정했다.

그러나 이 원리는 어떤 의미에서는 타협의 산물이라고 할 수도 있었다. 따라서 롤즈는 여러 가지 비판을 받게 된다. 좌익으로부터의 비판은 "불평등을 인정하고 있다"는 점에 집중되었다. 또 공리주의의 입장으로부터는 "왜 최대 다수의 행복을 희생하면서까지 가난한 사람을 도와주지 않으면 안 되는가"라는 비판이 거듭되었다.

그런 의문 중에서도 노직(Robert Nozick, 1939~2002)은 롤즈의 '정의'의 논리 자체의 결함을 찌르려고 했다. 롤즈의 논의에 의하면, 누진과세에 의하여 부자의 소득을 가난한 사람에게 나누어주는 것은 정의가 된다. 그러나 그 소득이 정의로운지 어떤지의 판단은 어떤 절차를 밟아서 얻었느냐고 하는 점에 찾아진다고 노직은 말한다. 롤즈에 따르면, 소득의 정의는 절차나 경위가 아니라 결과에 의하여 판단받는 것이 되어, 결국 많이 얻은 사람은 악인이고, 적게 얻은 자가 선인이 되고 만다.

'정의'와 '무지의 장막'

그러나 롤즈는 이 견해야말로 정의의 기본에 있어야 하는 것이라고 반론하고, 그것은 인간의 '사회계약'에 의하여 맺은 약속이라고 논했다.

'사회계약설'은 홉스, 로크, 루소 등이 논한 것으로, 자연상태에 있는 개인과 개인이 각기 자기의 안전을 위하여 계약에 의하여 사회를 형성했다는 설이다. 그러나 사회계약설에는 처음부터 문제가 있었는데, 이 계약은 어떤 역사적 사실에도 의거하지 않고 있다는 것이다. 사실 루소는 "그것이 역사적 사실이라고 나는 주장하는 것은 아니다"라고 말하고 있다. 그렇기 때문에 사회계약설은 한때 융성을 보였지만, 금세기에는 한갓 사상사에 그 이름을 남기는데 지나지 않는 것이 되어 있었다.

말하자면 롤즈는, 곳간에 들어 있던 사회계약설을 새롭게 포장해서 부활시킨 것이다. 우선 그는, 사회계약을 논하기 위해 '원초적 입장'(Original Position)이란 개념을 내놓았다.

이를테면 장기나 체스를 시작할 때 서로 같은 조건, 곧 서로 대칭적으로 말을 놓는다. 마치 거울에 비친 것처럼 대칭형(symmetry)으로 배치한다. 마찬가지로, 사회계약을 할 때 사회 성원은 이런 원초적 입장에 있었다고 상정한다.

그리고 롤즈는 이 원초적 입장의 조건을 사회의 모든 성원에 '무지의 장막'(veil of ignorance)으로 가린 상태로 보았다. 곧 자기가 부자인지 아닌지, 지적 능력이 있는지 없는지, 완력이 강한

지 어쩐지에 대하여 모르는 상태라면, 각 개인은 어떤 판단을 하는지 논의하자는 것이다.

"이 상황의 본질적인 특징 중에는 누구도 사회에서의 자기의 위치나 계급상의 지위 또는 사회적 신분을 모를 뿐 아니라, 타고난 자산이나 능력, 지성, 체력 그 밖의 분배에서의 자기의 운도 모른다는 것이다. 그리고 당사자는 자기의 선의 개념 또는 자기의 특이한 심리적 성향을 모른다고까지 가정하려고 한다. 정의의 제원리는 무지의 장막 배후에서 선택된다"(《정의론》).

부자는 부자에게 유리한 판단을 하고, 가난한 사람은 가난한 사람에게 유리한 판단을 하는, 자기에게 관계가 있는 편을 드는 일이 없도록 한다.

이렇게 모든의 준비를 한 다음에 롤즈는, 게임 이론에서 전용한 '맥시멈 룰'에 의하여 진행하면, 결국 역시 공정한 기회균등 원리와 격차 원리로 이루어진 제2원리가 도출된다고 했다. 맥시멈 룰이란 불확실한 상황 아래서 위험을 회피하기 위해, 최악의 사태에서 최선을 택하는 전략이다. 최악의 경우의 최선을 선택해 가면, 언젠가는 이긴다는 방침을 사회계약에 적용하면, 최저의 소득층이라도 소득의 증가를 얻을 수 있다는 조건으로, 모든 정책을 운용하지 않으면 안 된다고 하는 결론이 된다.

더 나아가 롤즈는, 이 연역적인 생각을 '반조적 균형'(返照的 均衡)이라는 이론으로 보강하고 있다. 요컨대, 누구나 머리를 식히고 가슴에 손을 대고 생각하면 자기의 이론이 옳다는 것을 알게 될 것이라고 한다.

차별철폐 조치

　그러나 이와 같은 증명법은 롤즈의 《정의론》 비판에 기름을 붓는 결과가 되었다. 특히 롤즈가 채용한 게임 이론에 의한 증명은 성립 안 된다는 것이 지적되었다. 결국 그는 "정의론을 합리적 선택이론의 한 분야로 자리매김한 것은 잘못이었다"고 말해, 그 때까지의 주장을 철회하기에 이른다.

　롤즈는 게임 이론의 맥시멈 룰에 의하여 "가난한 사람들에게 득이 되는 정책을 채택해 가면, 결국은 전체로서는 최선이 된다"는 것이 증명되었다고 생각했었다. 그러나 그것은 겉모양만의 짐작에 지나지 않으며, 반드시 이론적으로 증명된 것은 아니었다.

　공리주의는 어디까지나 '최대 다수의 최대 행복'을 원리로 한다. 밀의 경우, 거기에 '교육의 보급에 의하여 가난한 사람들에게도 자발적인 향상심이 생길 것'이라는 전망이 더해졌지만, 결국은 최대 다수의 최대 행복이 정의가 된다는 것은 총계로서 성립된다고 생각했다.

　그러나 자유주의 사회는 근년에 이르러 밀이 생각한 상태에 이르지 않는다, 곧 자동적으로는 잘 안 된다는 것이 분명해졌다. 시장에 결정을 맡겨두면, 시장은 종종 공정을 실현하는데 실패하고 만다. 그리하여 '정의'에 자유주의 사회를 교정하는 요소를 가미해야 한다는 생각이 나온다. 그 생각을 정치하게 논리적으로 증명하려고 한 것이 롤즈였는데, 그 시도는 반드시 달성된 것은 아니었다.

　미국에서 공화당의 레이건 정권과 부시 정권 하에서 소득의 격차가 심해져 전체적으로 경제가 성장하였지만, 사회문제는 심각해졌다. 그리하여 미국이 채용한 제도의 하나가 차별철폐 조치였다.

차별철폐 조치(affirmative action)는 롤즈가 제안한 제도는 아니지만, 그의 생각에 강한 영향을 받은 사람들에 의하여 추진되고 지지되었다. 이 제도는 사회적으로 불리한 위치에 있는 사람들에게 거꾸로 유리한 조건을 주어 기회를 넓힌다는 것이다.

어떤 법과대학에서는 성적이 우수한 유대인 학생보다 성적이 나쁜 흑인 학생을 우선적으로 입학시켜 화제가 된 일이 있었다. 유대인 학생은 소송을 일으키고 법정에서 다투었는데, 그의 패소로 끝났다. "점수란 것은 입학의 하나의 기준이지만, 모든 것의 기준은 아니다. 점수가 높다는 것은 입학의 권리를 의미하는 것이 아니다"는 것이 판결의 취지였다.

이것은 교육의 장에서 일어났기 때문에 넓은 지지를 받았지만, 사회 전반에 관한 문제로서는 어떨까? 이것은 어떤 의미에서 역차별이며, 차별을 철폐하기 위한 것이라고 하면서 또 하나의 새로운 차별을 만든 것이다. 결국 이 생각은 사회적 차별을 인정하고 있는 것이 아닐까? 이에 대하여는, 이미 차별이 이루어지고 있다는 것이 역사적 사실이라면, 그 역차별은 정당화될 수 있다는 반론이 있다.

롤즈가 제출한 '정의'의 원리는 엄격한 의미에서는 논리적으로 증명할 수 없었다. 그러나 불우한 사람을 디딤돌로 하고 부자가 이익을 얻어도 전체로서 이익이 되면 정의라고 할 수 있느냐고 하는 문제는 여전히 남는다. 이것은 자유주의 사회가 참된 의미에서 자유와 평등의 균형을 잡을 수 있느냐고 하는 극히 중대한 물음을 품고 있다.

하버마스: 최대의 지적 정보통

철학자의 임무는 무엇일까? 여러 가지 대답이 가능하지만, 그 하나에, 그 때까지 생각되어온 모든 '사고방식'을 명확히 집약시켜 보여주는 임무가 있다고 여겨진다.

레닌은 마르크스에 대하여 "마르크스주의에는 세 개의 원천이 있다. 그것은 영국의 고전 경제학과 프랑스의 사회주의, 그리고 독일의 관념론이다"라고 말한 일이 있지만, 마르크스주의는 이처럼 세 개의 원천을 집약한 것이라는 것이다.

물론, 현재 마르크스주의가 그 때까지의 사상을 집약하고 있다는 말은 할 수 없게 되었다. 그러나 세상의 모든 사상을 자기 말로 집약해 보이는 임무가 철학자에게 있다고 생각하는 것은 틀리지 않았다.

현대의 철학자 가운데서, 이 임무에 도전하여 그 지적 정보통 노릇을 하는 데 그의 옆에 설 사람이 없는 것이 위르겐 하버마스 (Jürgen Habermas, 1929~)이다.

하버마스의 철학을 생각할 때, 그가 프랑크푸르트학파의 제2세대로 불리는 것을 잊어서는 안 된다. 그는 독일의 프랑크푸르트

사회과학연구소에서 연구를 계속하고, 그 연구방법의 후계자로
지목되었다.

　프랑크푸르트학파는 본디 1923년에 설립된 프랑크푸르트 사회
과학연구소를 중심으로 모인 연구자로 이루어져 있었는데, 그 입
장은 비판적으로 마르크스주의를 섭취하고, 마르크스가 간과한
그 앞까지 논하려고 하는 것이었다.

　그들은 이대로 가면 얼마 안되어 마르크스주의는 막다른 골목
에 부닥칠 것이라고 생각했다. 그러나 마르크스주의가 가지고 있
던 자본주의 사회비판 또는 현상비판의 정신은 계승되어야 한다
고 했다. 이를테면 조직의 문제나 기계문명에 대하여, 합리적인
동시에 비판적인 길을 어떻게 찾을 수 있는지가, 아도르노
(Theodor Adorno, 1903~1965), 호르크하이머(Max Horkheimer,
1895~1973), 마르쿠제(Herbert Marcuse, 1898~1979)의 자세였다
고 할 수 있다.

　그러나 그들의 시도는 나치즘의 시대가 되면서 커다란 파도에
쓸렸다. 프랑크푸르트학파의 연구자들 대다수가 부득이 독일을
떠나 미국 등으로 이주하게 되었다. 그 후의 프랑크푸르트학파의
사람들의 연구는 합리적인 비판을 전개하기보다 오히려 나치즘을
낳은 유럽문화 자체를 비판하고, 유럽의 정통성을 근원적으로 부
정하는 방법을 추구하게 되었다.

합리적 비판의 가능성

　합리적 비판을 아주 내버린 것처럼 보이는 프랑크푸르트학파의
선배들과는 달리, 하버마스는 어디까지나 그 가능성을 추구하려

고 한다.

최근의 그의 말에서도 잘 나타나 있다.

"도덕이론에는 우리의 도덕적 직관의 보편적 핵심을 해명함과 동시에 가치 회의주의에 대한 논박을 기대할 수 있으며, 또 그 능력이 있다고 생각할 수가 있습니다. 그러나 그것을 넘으면, 도덕이론은 스스로의 실질적 기여를 단념하지 않을 수 없습니다. 의지 형성의 절차를 우대함으로써 도덕이론은 역사적 객관성을 가지고 자신들에게 덮쳐오는 도덕적=실천적 문제에 자력으로 해답을 찾지 않으면 안 되는 당사자에게 자리를 물려주는 것입니다"(《법제화와 커뮤니케이션적 행위》).

여기서 하버마스는 정의 같은 것은 알 수 없다며 가치를 포기하는 회의주의적인 움직임에 대하여, 도덕적 직관의 보편적 핵심을 해명할 수 있다고 단언하고 있다. 그러나 동시에 그는 이 도덕이론 또는 윤리학의 구실을 한정한다.

"도덕 철학자는 도덕적 진리에 이르는 특권적인 길을 가지고 있지 않습니다. 우리 자신의 생존에 덮쳐 있는 네 가지의 큰 도덕적=정치적 짐―제3세계에서의 기아와 빈곤, 비 법치국가에서의 고문과 인간 존엄의 끊임없는 침해, 서양 공업국에서의 실업의 증대와 사회적 부의 불균등한 분배, 그리고 마지막으로 이 지구상에서의 삶에 대하여 핵 군비경쟁이 의미하고 있는 자기 파괴적인 위기―이런 따위의 도발적인 사태 앞에서, 철학적 윤리학의 능력에 대한 나의 한정적인 견해는 아마도 기대 밖일 것입니다. 어쨌든 그것은 가시와 같은 것으로, 철학은 그 누구에게도 실천적 책임을 면제해 주지 않습니다"(앞의 책).

여기서 든 네 가지의 큰 문제에 대하여 실제로 해결할 단계가 되면 도덕철학이 나설 자리는 없다. 그것은 '역사적 객관성을 가지고 자신들에게 덮쳐오는 도덕적＝실천적 문제에 자력으로 해답을 찾지 않으면 안되는 당사자', 곧 정치나 경제에 종사하는 사람에게 자리를 내어주지 않으면 안 된다. 그러나 이 네 가지 문제에 대한 인간의 책임은 계속 말할 것이라고 하버마스는 말한다.

같은 말을 그는 젊었을 때의 논문 《노동과 상호행위》에서 다음과 같이 적고 있었다.

"굶주림이 지구 인구의 2/3를 아직도 지배하고 있을지라도, 굶주림을 없애는 것은 단적인 의미에서의 유토피아는 아니다. 뭇 생산력의 개발은…인간의 일을 대신하는, 학습하고 제어하는 기계를 만드는 일을 포함해서, 강제되지 않고 서로 협조하는 상호성을 바탕으로 한 지배 없는 상호행위에서 인류관계의 변증법을 끝낼 수 있는 규범을 만들어 내는 것과 반드시 동일한 것은 아니다. 굶주림과 노고로부터의 해방은 예속과 천시로부터의 해방과 반드시 부합되지 않는다."

지구 인구의 2/3를 아직도 지배하고 있는 굶주림을 없애는 일을 체념해서는 안 된다. 로봇의 개발을 포함해 생산력을 개발하여 굶주림의 문제를 해결해야 한다. 그러나 그렇다고 해서 인간관계의 개선이 이루어지는 것은 아니다. 강제되지 않고 서로 협조하는 상호성을 바탕으로 한, 지배 없는 상호행위라고 하는 이상을 달성하여, 지배와 피지배라고 하는 관계를 끝낼 수 있을 규범을 만들어내는 일은 굶주림의 문제와는 별개의 문제이다. 요컨대 인간이 생활수준을 향상시켜 굶주림과 노고로부터 해방되어도, 여전히 예속과 천시로부터 해방되지 못한다면, 문제해결은 안 된다고 하버마스는 말하고 있었다.

커뮤니케이션적 합리성

여기에 등장하는 '지배 없는 상호행위'란 말하자면 인간과 인간 사이의 이상적인 커뮤니케이션의 상태라고 할 수 있을 것이다. 이 '지배 없는 상호행위'는 후에 '커뮤니케이션적 합리성'이란 말로 표현되게 된다.

"이 커뮤니케이션적 합리성(Kommunikative Rationalität)의 개념도 여러 가지 의미를 품고 있지만, 그것들은 궁극적으로 강제 없이 일치하여 합의에 이르는 의논의 힘이라고 하는 중심적 경험에 귀착한다. 이론 의논에서는 다양한 참가자들이 그들의 당장은 한갓 주관적일 뿐인 견해를 극복하고, 이성적으로 동기가 주어진 확신의 공통성을 힘입어, 객관적 세계의 통일성과 그들의 삶의 연관의 상호주관성을 동시에 확보하는 것이다"(《커뮤니케이션적 행위이론》).

곧, 한 사람 한 사람이 자기 자신의 생각을 가지고 모여서 서로 강제하는 일없이 합의를 이루면, 거기에 커뮤니케이션적 합리성이 이루어진다. 그리고 그에 대해, 주관성을 극복하고 이성적인 공통의 인식이 획득될 수 있다는 것이다.

다만, 한갓된 연대가 생겼다고 하는 것으로는 의미가 없다. 어떤 사회적 관계에도 자유를 억압하거나 주체성을 업신여기는 위험한 요소가 들어 있다. 그래서 하버마스는 다음과 같이 말한다.

"나의 테제는 이렇다. 곧 이상적 발화상황(發話狀況)을 선취하는 것만이 사실적으로 달성된 합의에 이성적 합의의 요구를 결부시켜도 좋다는 보증을 준다. 동시에, 이 선취는 사실적으로 달성된 어떤 합의도 문제로 삼고, 그것이 진정한 의사소통(Verständigung)을 충분히 지시하고 있는지의 여부를 음미할 수 있기 위한 비판적 척도이기도 하다(《커뮤니케이션적 행위 이론을 위한 예비 연구와 보충》).

여기서 하버마스가 말하고 있는 것은, 이상적 발화상황을 본으로 만들어 두면, 거기에 맞추어 판단할 수 있으리라는 것이다. 그러면, 이 '이상적 발화상황'의 본은 어떤 것일까?

기회의 대칭적 배분

하버마스는 다음과 같이 '이상적 발화상황'을 정의한다.

"이상적 발화상황의 항(抗)사실적 조건들은, 해방된 생활형식의 필요조건으로서도 이해할 수 있다. 왜냐하면, (a)언명으로서의 언명 (b)발화자와 그 표현들 간의 관계 (c)규범의 준수라고 하는 각 차원에 관한 언어행위의 선택과 수행에서의 기회의 대칭적 배분은 우리가 종래, 진리, 자유, 정의라고 하는 이념으로 잡으려고 했던 것의 언어론적 규정이기 때문이다"(앞의 책).

이 '항 사실적'이란 무엇인가? 간단히 말해, 사물의 기본적 성질이란 것은 실은 종종 사실에 반한 가정, 곧 항 사실적으로 말해진다. 이를테면 자연과학에서 "식염은 물에 녹는다"는 기술은 "만약 내 손에 있는 식염을 물에 넣는다면 녹는다"란 의미이므로 항 사실적인 것이다. 따라서 여기서는 '과학적인 성질로 기술될 수 있는'이란 뜻으로 이해하면 된다.

또 하나의 요점은 '기회의 대칭적 배분'일 것이다. 이것은 대화하는 사람들이 시머트리(대칭)라고 하는 것, 곧 말하는 사람도 말을 받는 사람도 같은 입장에 서 있다는 것으로, 장기를 두는 처음

상태에 가깝다. 곧 '이상적 발화상황'이란, 여러 조건이 장기의 대국에서와 같은 대등한 관계에 있는 것이라고 한다. 그리고 이것이 진리, 자유, 정의로서 이해되어 왔던 것의 언어론적 규정이라고 하버마스는 말한다.

"이들 규정은 서로 해석하고 함께 하나의 생활형식을 정의하는데, 이 생활형식에서는 공공적으로 중요한 모든 문제가 토의(Diskur)를 수행한다고 하는 격률에 따라서 처리된다. 그리고 그때, 이러한 의도로 커뮤니케이션이 개시되고, 충분한 시간을 걸쳐 계속될 때에는, 언제나 이성적 합의라고 간주할 수 있는 합의가 필연적으로 생긴다고 상정할 수 있다"(앞의 책).

서로 시머트리한 조건을 지키고 충분히 긴 시간에 걸쳐서 토의가 이루어진다면, 거기서 얻어지는 결론은 합리적인 합의라는 말이 된다. 그러나 문제는 그렇게 단순하지 않다.

"사실로서 생기는 의논의 조건들은 이상적 발화상황의 여러 조건과는 명백히 일치하지 않으며, 어쨌든 종종 그리고 대개의 경우 일치하지 않는다. 그럼에도 불구하고 가능한 발화의 구조에는 다음의 것이 딸려 있다. 곧, 우리는 언어행위 (및 행위)의 수행에 있어서, 마치 이상적 발화상황이 (또는 순수 커뮤니케이션적 행위의 모델이) 한갓된 허구가 아니라 현실인 것처럼, 항 사실적으로 행한다—바로 이것을 우리는 상정(想定)이라고 부른다—는 것이다"(앞의 책).

토론윤리학의 기본원칙

하버마스는 현실의 토의는 이상적인 것이 될 수 없다는 것을 인정하고 있다. 그럼에도 불구하고 우리는 모든 언어행위에 있어서는 이러한 이상적 발화상황이 허구가 아니라 현실인 양 거동하고 있다. 왜냐하면 사실에 반하는 가상의 이상적 조건을 염두에 두고 대화를 하면 잘될 것이 아닌가? 그는 그렇게 말하고 있는 것이다.

그래서 하버마스는 '토론윤리학'의 기본원칙을 든다. 우선 제1원칙을 든다.

"실천적 토의의 참가자인 모든 당사자의 동의를 받아낼 수 있는 규범만이 타당하다고 주장[타당요구]하는 일이 허용된다(《법제화와 커뮤니케이션적 행위》).

요컨대 전원 일치이지 않으면 안 된다는 것이다. 이것은 하버마스의 말을 왜소화하고 있다는 사람도 있겠지만, 궁극적으로는 전원 일치이지 않으면 안 된다는 의미라고 할 수 있다.

다음은 '보편화 원칙'이다.

"규범이 타당한 것이라 하고, 각 사람의 이해(利害)를 채우기 위해 그 규범의 일반적 준수에서 생기는 성과나 부차적 효과는, 모든 사람이 강제되지 않고 수용할 수 있는 것이지 않으면 안 된다"(앞의 책).

이를테면 거기에서 법칙이 행해질 수도 있을 것이지만, 그것도 강제되지 않고 수용되어야 한다는 것이다. 이것은 강제가 필요 없다는 것이 아니라, 정해진 규범이 본래 강제 없이 수용되는 것이 아니면 안 된다고 하는 의미이다.

이 '토론윤리학의 기본 원칙'은 "그대의 의지의 격률이 언제나 보편적인 입법의 원리가 되도록 행위하라"는 칸트의 정언명법(定言命法)과 아주 유사하다.

당신이 스스로 룰로서 정하는 것은 누가 그것을 지켜도 좋은 것이지 않으면 안 된다. 이것을 지키면 정의가 저절로 드러난다고 칸트는 생각했었다. 물론 하버마스 자신도 그것을 알고 있다.

그러나 이들 원칙은 현실로는 국제 평화의 문제나 남북 문제라고 하는 구체적 문제를 해결하기에는 너무나 추상적이어서, 일반적이라고 말하지 않을 수 없다.

하버마스는 세계에 있는 모든 사상을 배워서 여러 생각을 종합하려 하고 있다. 그것은 주저인 《커뮤니케이션적 행위의 이론》을 보면 분명하다. 그러나, 유감스럽게도 이 '토론윤리학'에 관한 한, 윤리에 대한 많은 견해를 자기 사상에 적극적으로 집어넣고 그것들을 종합했다고 할 수 없다.

하버마스의 철학을 한마디로 요약한다면 "인간과 사물 사이에는 기술이 있다. 인간과 인간 사이에는 대화가 있어야 한다"는 것이 될 것이다. 그러나 지금, 인류가 직면하고 있는 것은 기술을 둘러싼 대화의 가능성인 것이다. 하버마스와 같이 대화의 상황을 기술의 장면에서 배제하고 순화하는 방식과는 다른 것이 요구되고 있다.

제7장

일본 사상

니시다 기타로: 서양과 대치하는 동양 정신
마루야마 마사오: 근대주의 일본문화에 대한 비판

니시다 기타로: 서양과 대치하는 동양 정신

　근대화에 성공한 비결은 여러 가지 정보가 이미 서양에 확립되어 있었기 때문이다. 의학, 물리학, 법학, 철학 등, 어떤 영역에서도 이미 교과서가 만들어져 있었다. 그러므로 모든 근대화 작업의 중심이 된 것은 교과서의 번역이다.

　의학 교과서에는 짧은 의학사가, 물리학 교과서에는 짧은 물리학사가 쓰여 있었는지도 모른다. 그러나 근대화를 서두르는 일본인은 그러한 학설사는 거들떠보지도 않았다. 그런데 철학이란 학과만은 예외였다. 철학사가 번역, 수입의 중심이 되고, 철학 체계자체보다 중시되었다.

　그 이유는 일본에 서양철학이 도입되었을 때가, 헤겔 사후의 철학사 기술의 융성을 맞은 시기였기 때문이다. 서양의 철학이 철학사란 형태로 손쉽게 배울 수 있다는 것은 상당히 도식화된 서양철학의 구도가 손에 들어오기 쉬웠다는 것이다. 거기서 곧바로 서양철학의 한계를 동양철학으로 극복한다는 구상을 하였다. 이 구상의 원형은 서양에서도 헤겔 사후 일세를 풍미한 쇼펜하우어의 철학이, 인도 사상이야말로 앞으로의 서구문화의 지표가 될 것이라고 말하고 있었기 때문이다.

니시다 기타로(Nishida Kitarô, 西田幾多郞, 1870~1945)는 일본을 대표하는 철학자이며, 좌선의 체험을 바탕으로 한 독창적인 철학에 의하여, 서양근대의 주관과 객관의 2원론 철학을 극복하는 방향을 제시했다고 한다. 이것은 '서양의 근대철학은 주관과 객관의 2원론이다' 라고 하는 교과서의 도식이 있었기에 이러한 자기 규정이 가능했던 것이며, '서양의 근대철학은 주관과 객관의 2원론이다' 라는 것을 니시다가 발견한 것은 아니다.

니시다 철학은 참으로 독창적인 철학일까?

첫째 독창적인지 아닌지를 논하려면, 니시다에게 영향을 준 선행 사상과의 관계에서 보아 그가 어떤 점에서 독창적이었는지 음미되지 않으면 안 된다.

둘째 그가 선(禪)의 체험을 철학화했다고 한다면, 주저 《선(善)의 연구》가 '신(神)'의 자리매김을 하고 있는 것을 어떻게 이해하면 좋은지? 이 저작의 '신'의 개념은 인간의 윤리의 근거가 되는 '신'이며, 그것은 선(禪)의 종교체험과 어떤 관계를 갖는지 문제가 될 것이다.

셋째 그의 입장이 주관과 객관의 2원론에 뿌리박은 서양철학의 한계를 넘어서는 방향을 제시했다고 보는 견해가 옳은 것인지? 과연 서양철학이 그런 의미에서 한계에 직면하고 있었는지에 대한 음미가 이루어지지 않으면 안 된다.

'순수경험'이란 무엇인가

니시다 기타로의 철학적인 원리는 다음과 같이 표현되어 있다.

"경험한다는 것은 사실 그대로 안다는 뜻이다. 완전히 자기의 생각을 버리고 사실을 좇아 아는 것이다. 순수라 함은, 보통 경험이라고 하는 것도 그 실은 어떤 사상을 섞고 있으므로, 조금도 사려분별을 가하지 않은, 참으로 경험 그대로의 상태를 일컫는 것이다"(《선의 연구》).

여기서 말하고 있는 것은, "사물을 있는 그대로 보는 것이 경험"이라는 데 지나지 않는다. 여기서는 모토오리 노리나가(本居宣長, 1730~1801) 이래의 일본인의 진리관이 그대로 표현되어 있다. 그는 일본인의 '사물을 있는 그대로 본다'는 진리관을 '순수 경험'이라는 서양철학의 용어로 말했다.

"우리가 꽃을 사랑하는 것은 자기가 꽃과 일치하는 것이다. 달을 사랑하는 것은 달과 일치하는 것이다. 어버이가 자식이 되고 자식이 어버이가 되어 여기에 비로소 부모와 자식의 애정이 생기는 것이다"(앞의 책).

여기서 "내가 꽃을 본다"는 "내가 꽃이다"로 바꿔 놓을 수가 있다. 주관인 '나'와 객관인 '꽃'은 대립하는 것이 아니라, "나는 꽃이다"라고 하는 동일한 모습으로 볼 수가 있다. 거기에서 그는, 정신과 자연과를 대립시키는 서양식 견해에 대하여, 이것이야말로 동양식 견해라고 했다.

"지금까지는 정신을 자연과 대립시켜 생각해 왔지만, 이제부터는 정신과 자연과의 관계에 대해 잠깐 생각해 보자. 우리의 정신은 실재의 통일작용으로서, 자연에 대해 특별한 실재인 것 같이 생각되고 있지만, 그 실은 통일된 것을 떠나서 통일작용이 있는 것이 아니며, 객관적 자연을 떠나서 주관적 정신은 없는 것이다. 우리가 사물을 안다는 것은, 자기가 물(物)과 일치한다는 말에 지

나지 않는다. 꽃을 보았을 때는 곧, 자기가 꽃이 되어 있는 것이
다."

니시다는, 철학적 표현으로 말하는 한편, 문학적인 표현의 능력
도 있었다. 그리고 서양의 학식을 바탕으로, 서양인의 이름을 들
어 자기를 말하는 문체도 구사했다.

"페히너(Gustav Theodor Fechner, 1801~1887)는 어떤 아침 라이
프치히의 로젠탈의 의자에 앉아 쉬면서, 화창한 날씨에 꽃은 향기
로운데, 새는 노래하고 나비는 춤추는 봄의 목장을 바라보고, 색
도 없고 소리도 없는, 자연과학적인 밤의 태도에 반하여, 있는 그
대로가 참이라고 하는 낮의 태도에 잠겼었다고 스스로 말하고 있
다. 나는 무슨 영향을 받았는지 모르지만, 일찍부터 실재는 현실
그대로의 것이지 않으면 안 된다. 이른바 물질의 세계라고 하는
것은 이것으로부터 생각된 것에 지나지 않다는 생각을 가지고 있
었다"(앞의 책).

이것은 《선의 연구》의 서문에 나오는 유명한 문장이지만, 거의
모든 사람들은 이 문장을 읽고 니시다를 이해한 기분이 들었다.
또는 이 문장밖에 이해하지 못했다. 페히너라는 사람은, 당시 나
카지마 리키조(中島力造)에 의하여, 현대 독일에서 가장 촉망받고
있는 최고이자 최후의 철학자로 평가된 인물이다. 여기서 니시다
는 일본인의 전통적인 자연미를 파악하는 방법에 끼어 맞추는 모
양으로, 젊고 우수한 독일 철학자의 입장을 표현하고 있다.

이노우에 엔료의 《하루 저녁의 철학 이야기》

이와 같은 주관과 객관을 일치시키는 입장은 과연 니시다 기타

로의 독창이었을까? 그 하나의 반증으로서 이노우에 엔료(井上圓
了)의 문장을 들어보겠다.

메이지 19년(1886)에 쓰인 엔료의 《하루 저녁의 철학 이야기》
(哲學一夕話)는 한 사람이 엔료의 '료오'(了)란 글자를 딴 료오스
이(了水), 또 한 사람은 '엔'(圓)이란 글자를 딴 엔잔(圓山)이라는
두 학생의 대화이다. 이 두 사람이 논쟁을 하다 마지막으로 엔료
선생에게 상담하러 온다는 익살스러운 문체로 쓰여 있다. 거기서
엔료 선생은 말한다.

"사물로부터 마음을 보면, 마음은 물(物)이 아님을 알 수 있다.
마음으로부터 사물을 보면, 사물은 마음이 아님을 알 수 있다. 자
기와 남, 그와 나(自他彼我)의 차별이 그 사이에 생기게 되는 것도
그 체원(體元)과 하나로서 처음부터 차별이 있는 것이 아니다. 물
(物)을 따져 끝까지 따지면 마음이 되고, 마음을 따져 끝까지 따
지면 물이 되며, 물과 마음을 따져 끝까지 따지면 무차별이 되고,
무차별을 따져 끝까지 따지면 다시 차별이 되고, 차별은 그대로
무차별이요, 무차별은 그대로 차별이다. 차별과 무차별은 본디 한
몸으로서 차별이 없다. 차별이 없으면서 차별이 있고, 차별이 있
으면서 또 차별이 없다."

이 엔료의 《하루 저녁의 철학 이야기》는, 대립하는 것이 종합된
다는 헤겔의 변증법을 밑에 깔고, 거기다 관념론, 실재론, 2원론, 1
원론 같은 서양철학상의 기본적인 입장을 담고, 마지막으로 통합
하는데 자기 자신의 입장이 있다는 매우 대담하고 뻔뻔스러운 주
장을 하고 있다.

"이 도나 이 설을 이해함으로써 도리가 원만하게 끝을 맺게(圓
滿完了) 되는 까닭에 이를 엔료(圓了)의 도라고 한다."

이노우에 엔료는 후에 도요대학(東洋大學)을 창립한 인물로, 이 '차별 즉 동일'의 철학을 서양에 수출하자고 주장했다.

"이것이야말로 서양의 입장의 막다른 골목을 타개하는, 가장 앞선 동양의 입장이다." 이렇게 엔료는 주장하고 있다.

이노우에 데쓰지로의 '현상 즉 실재론'

좀 더 학문적인 모양을 갖춘 예로서는, 이노우에 데쓰지로(井上哲次郎, 1855~1944)의 《나의 세계관의 한 티끌》(我世界觀の一塵)이라는 문장이 있으며, 여기서는 '현상 즉 실재론'이라는 말이 쓰이고 있다.

"현상 즉 실재론에서는 주관 외부에 객관으로서의 뭇 현상이 있지만, 그 현상이 그대로 실재이며, 그 현상을 제외하고 따로 실재가 있는 것이 아니다."

여러 가지 철학상의 입장이 있지만, "참으로 확실하고 건강한 세계관은 온전히 실재론이다. 특히 현상 즉 실재론이다"라고 데쓰지로는 말하고 있다.

이노우에 데쓰지로는 대단한 어학의 수재로, 한문을 배웠을 때는 금세 한문 선생을 앞섰다. 영어를 배우자 영어 선생을 곧 능가했고, 유학을 명받고 독일에 가서도 바로 독일어에 능통해 당당히 독일어로 연구 발표한 큰 인물이었다.

그뿐 아니라 그는, 메이지기에 일본의 신체시(新體詩)가 형성될 때, 외국시의 번역을 통해 《신체시 초(抄)》에도 이름을 남기고 있다. 인품도 소탈해서, 만년이 되도록 박쥐우산을 손에 들고 거리를 산책하고, 가끔 차를 마시러 옛 연구실을 찾았다고 한다.

이노우에 데쓰지로는 니시다의 선생이므로, 니시다가 이 문장을 읽었으리라는 것은 틀림없을 것이다. 이노우에 엔료의 문체를 자세히 분석하면, 거기에는 니시다의 말이 그대로 쓰여 있다고 해도 과언이 아니다.

다만 그것을 표현하는데, 데쓰지로나 엔료는, 일반 사회에서 흔히 쓰는 말로 높은 진리를 말한다는 당시의 '메이로쿠샤'(明六社)적인 문체를 썼다. 한편, 니시다 기타로는 다이쇼(大正) 시대의 청년문화의 언어로 말했다. 거기에 니시다가 '일본 최초의 독창적인 철학자'라고 하는, 어떤 의미에서는 잘못된 평가를 얻는 이유가 있었다.

니시다 철학에서의 윤리

그러면 이 '순수경험'으로부터 윤리나 종교가 어떻게 생각되었는지, 니시다의 문장에서 살펴보자. 그는 개인에 대하여 이렇게 말하고 있다.

"의식의 통일하는 힘이자 실재를 통일하는 힘인 인격은, 우선 우리 개인에서 실현된다. 우리 의식의 근저에는 분석되지 않는 개인성이라는 것이 있다"(《선의 연구》).

곧 인간의 의식활동은 여러 가지가 있지만, 어떤 하나의 통일을 이루고 있다. 통일을 이루고 있다는 것은 이 실재 자체의 무한한 힘이 하나의 통일을 가져오고 있는 것이다.

"나는 개인의 선이란 가장 중요한 것으로 다른 모든 선의 기초가 되리라고 생각한다.… 위에서 말했듯이 진정한 개인주의는 결코 비난받아야 하는 것이 아니다"(앞의 책).

그렇다면 '사회'는 도대체 어떤 것이 될 것인가? 그는 이를테면, 플라톤의 《향연》(*symposium*)에 나오는, 남자와 여자가 본디 하나였다가 둘로 나뉘었다는 설을 소개한다.

"플라톤의 《향연》에 본디 남녀가 한 몸이었는데, 신에 의하여 나뉘었기 때문에, 지금에 이르러 남녀가 서로 그리워한다는 이야기가 있다. 이것은 퍽 재미있는 생각이다. 인류라고 하는 전형(典型)에서 보면 개인으로서의 남녀는 완전한 사람이 아니다. 남녀를 합친 것이 완전한 하나의 사람이다. 오토 바이닝어(O. Weininger, 1880~1903)가 인간은 육체로나 정신으로나 남성적 요소와 여성적 요소의 결합으로 이루어져 있다. 양 성이 서로 사랑하는 것은 이 두 요소가 합쳐서 완전한 인간이 되기 위해서라고 말하고 있다"(앞의 책).

이렇게 대립하는 둘이 한 몸을 이루고 있는 것이 참된 모습이라고 한다.

"그러나 우리의 사회 의식의 발달은 가족이라고 하는 작은 단체에 한정된 것이 아니다. 우리의 정신적 및 물질적 생활은 모두 각각의 사회적 단체에서 발달할 수 있는 것이다. 가족에 대한 우리의 의식활동 전체를 통일하고 한 인격의 발현이라고 볼 수 있는 것은 국가이다"(앞의 책).

니시다는 개인 차원에서의 통합 또는 정신과 육체의 통합과 마찬가지로, 마침내 인간과 국가가 한 몸이 된다는 생각으로 발전시켜 갔다.

"국가의 본체는 우리 정신의 근저인 공동적 의식의 발현이다. …우리가 국가를 위하는 것은 위대한 인격의 발전 완성을 위해서이다. 그리고 국가가 사람을 벌하는 것은 복수를 위해서도 아니며, 또한 사회의 안녕을 위해서도 아니다. 인격에 범해서는 안 되는 위엄이 있기 때문이다(앞의 책).

진선미(眞善美)와 종교

이와 같이 니시다는 국가 즉 자기, 자기 즉 국가라는 관점에 서는 것이 도덕적인 의미에서의 선이라는 입장을 취한다. 따라서 종교도 전체와 자기와의 통일을 직관하는 정신적인 장으로서 자리가 매겨진다. 그는 불교에 대해 다음과 같이 말하고 있다.

"불교의 근본 사상이 그러하듯이, 자기와 우주는 동일한 근저를 가지고 있다. 아니, 곧바로 동일한 것이다. 그러므로 우리는 자기의 마음속에서, 지식으로는 무한한 진리로, 감정으로는 무한한 아름다움으로, 의지로는 무한한 선으로, 모두 실재 무한한 의의를 느낄 수 있는 것이다"(앞의 책).

곧 불교적인 '범아일여'(梵我一如)의 관점에 선다면, 진선미를 인간의 마음속에서 잡을 수 있다고 한다. 그러나 이것은 불교라고 하기보다 진선미 전체를 싸잡는 입장으로, 그는 이 종교와 도덕을 하나로 한 것에서 '신'을 파악하고 있다.

"우리의 참 자기는 우주의 본체이다. 참 자기를 알게 되면, 단지 인류 일반의 선과 합할 뿐 아니라, 우주의 본체와 융합하고 진리와 하나가 되는 것이다"(앞의 책).

여기서부터는 개인과 국가와의 엄한 싸움에서, 어느 쪽을 개인의 근거로 하느냐고 하는 물음에 대한 답은 없다. 무엇이 진리인가에 대해서도, 한 사람 한 사람이 자기가 꽃이 된 처지에서 생각하면 그것이 진리가 된다고 하지만, 어떤 것이 진리인지는 식별할 수 없을 것이다.

그는 만년에 이르러 '장소'라는 생각을 진전시키려고 했다. 모든 의미의 어떤 술어가 어떤 장소를 차지한다는 이미지로 생각해 가는 것으로, 이 방법에 따르면 물리학에서의 '장의 이론'을 싹틔울 철학 사상이 나온다고 그는 생각했다.

니시다는 이 '장의 이론'에 의하여 아리스토텔레스나 헤겔 등의 서양의 논리를 넘어선다고 자부했던 것 같다. 그러나 이 생각도 의미를 공간적인 비유로 말하고자 하는 미적인 형상에 지나지 않았다.

그러나 여기에 어떤 근원적인 것이 있다는 그의 말투가 많은 사람을 사로잡았다. 그리고 "니시다야말로 일본을 대표하는 철학자다"라는 평판이 생겼다. 니시다의 독자적 표현양식에 지나지 않는 것이, 독자의 사색인 양 생각되고, 서양 사상의 한계를 넘어서는 새로운 방향인 듯이 해석된 것이다.

본디 일본문화에는, 일본의 독자적인 존재 방식, 동양의 독자적인 존재 방식을 강하게 소망하는 경향이 있다. 그것이 이 시대에 니시다라는 철학자에 의하여 대표되기에 이르렀던 것이다. 이 일본의 독자성이 대결했던 서양이란, 서양의 근대 사상이며, 그것은 근본적으로 주관과 객관의 2원론이라고 하는 특질을 가지고 있지 않으면 안 되었다. 그렇지 않으면 동양의 독자성은 성립되지 않기 때문이다.

마루야마 마사오: 근대주의 일본문화에 대한 비판

니시다가 서양의 근대를 동양적 사유에 의하여 넘어서려고 한 데 대하여, 마루야마 마사오(Maruyama Masao, 丸山眞男, 1914～ 1996)는, 일본에는 아직 서양의 근대가 제시한 이념이 실현되어 있지 않기 때문에, 그 실현을 겨냥하는 것이 근본과제라고 생각했다. 그러나 니시다가 극복을, 마루야마가 실현을 원했던 '서양근대'는 철학사 교과서가 만들어낸 허상이다. 근대의 극복이라는 사상도, 근대의 실현이라는 사상도 다 같이 19세기 독일이 낳은 철학사의 기술에 의하여 만들어진 허상에 의거하고 있다.

마루야마 마사오는 1996년 8월 15일 세상을 떠났다. 패전 후의 언론을 이끈 그의 기일이 종전기념일이었다는 것은, 역시 상징적인 일이라고 말하지 않을 수 없다. 마루야마는 오사카(大阪)에서 태어나 도쿄 제국대학 법학부를 졸업, 병역중인 히로시마에서 패전을 맞았다. 그 후, 도쿄 대학 법학부 교수가 되지만, 건강상 이유로 정년 전인 57세에 사임했다.

마루야마가 전후의 언론계에서 비상한 영향력을 갖게 된 것은, 1946년, 잡지 《세카이》(世界) 5월호에 발표한 "초국가주의의 논리와 진리"부터이다. 같은 해 7월, 도쿄 재판이 개시되기로 되어 있었는데, 이 논문에서 마루야마는 그 때까지 일본을 지배했던 계층을 규탄하고, 전후 일본의 방향성을 가리키려고 했다.

당시, 국민의 최대 관심사는 천황이 이 재판에서 어떤 대접을 받느냐 하는 것이었다. 그러나 언론 통제하에 있었던 대다수의 신문은 국민 세론을 반영하고 있다고는 말할 수 없었다. 한편, 공산당을 중심으로 한 좌익진영은 군부와 천황이 심판받을 것을 소리 높이 주장하고 있었지만, 이 역시 국민의 소리를 대표하고 있는 것은 아니었다.

국민의 대다수는 점령군의 의향을 담은 신문의 논조에도, 좌익의 주장에도 납득할 수가 없었다. "군부가 나쁜 것은 확실하지만, 공산당의 주장에도 동조하고 싶지 않다"는 것이 국민의 솔직한 기분이었을 것이다. 거기에 나타난 마루야마의 이 논문에 사람들은 납득할 수 있는 논리를 찾은 느낌이 들었던 것이다.

심 판 받 아 야 하 는 것 은 일 본 사 회

마루야마의 "초 국가주의의 논리와 진리"는 일본사회에 있는 무책임 체제를 비판하고 있었다. 일본인은 염주처럼 한데 묶여 있을 때는 아주 강하지만, 일단 한 사람이 되면 약하고, 더욱이 책임을 지려고 하지 않는다. 마루야마는, 그것은 일본인에게 개인주의적인 책임의식이 없기 때문이라고 말했다. 곧 일본사회는 책임을 어딘가에 전가하는 구조로 되어 있어, 그것이 태평양전쟁을 일으켰고, 지금 심판받게 되어 있다고 논했다.

일본인의 자아의 결여가 전형적으로 나타난 예가 전범재판 때의 피고의 태도라고 한다. 일본의 전범은 마음을 졸이고 겁을 먹고 있지만, 독일의 전범은 당당했다. 그것은 자아가 있느냐 없느냐에 달렸다. 그래서 전범재판에서 쓰치야(土屋)는 창백하고, 후루시마(古島)는 울었으며, 괴링(Hermann Goering, 1893~1946)은 홍소했다(《현대정치의 사상과 행위》)고 마루야마는 말했다.

그러나 이 비교는 너무 부당했다고 말하지 않으면 안 된다. 여기서 마루야마가 다룬 포로학대를 했다는 일본병사는, 내가 조사한 바에 의하면, 군대 내부에서도 계급이 낮은 사람들로, 더욱이 재판이 시작되기 전부터, "너희는 어차피 사형이다"라고 위협을 받고 있었다.

한편, 괴링이라는 사나이는 나치스 지도자의 한 사람으로, 히틀러 다음가는 권력을 가지고 있었다. 과시적인 성격으로 마약을 즐겨 하고 정신적인 이상도 보였던 인간이다. 더욱이 괴링은 재판에서 처음부터 자기 현시를 겨냥한 연출을 하고 있었다.

이런 두 사람을 비교하고 한쪽은 겁에 질려 떨고 있었으니까 자아가 확립되어 있지 않았다 하고, 다른 한쪽은 홍소했기 때문에 확립되어 있었다고 논하는 자체가 무의미한 것이었다. 그러나 마루야마에게는, 일본과 독일의 전범의 태도가 다른 것은 개인의 성격도, 이 전쟁에서 지도적 구실을 했느냐, 병사로 끌려간 수동적 피해자였느냐도 아닌, 일본과 독일의 정신문화의 근저에 있는 철학의 다름으로 보였다.

《일본정치사상사연구》의 메시지

서양철학에 대한 풍부한 지식과 통찰, 그리고 막스 베버(Max

Weber, 1864~1920)의 정신사적인 방법—이 두 개가 마루야마의 중심 사상으로 자리잡고 있다.

그의 학문적 대표작 가운데 하나로, 지금도 높이 평가되고 있는 《일본정치사상사연구》는 에도(江戸) 시대의 정치 사상의 전환을 면밀하게 그린 것이다. 그러나 다른 한편으로 이 논문에는 아는 사람만 알 수 있게 암호문처럼 마르크스의 말이 들어 있어, '여기에도 마르크스를 읽고 있는 사람이 있다', '일본의 비판정신은 완전히 상실된 것이 아니다'와 같은 메시지가 숨겨져 있었다.

이 논문에서 마루야마는, 에도 시대에도 주자학(朱子學)적인 발상에서 벗어나 인간의 행위를 전면에 내세우는 사상이 있었다고 하는 것이다. 곧 일본의 봉건사회에서도, 인간의 자발성을 중시하는 사고의 싹이 있었으며, 그 대표가 오규우 소라이(荻生徂來, 1666~1728)라고 한다.

오규우 소라이는 일본의 서민에게는 '47의사(義士)의 처형에 찬성한 꺼림칙한 학자'로 받아들여져 왔다. 라쿠고(落語, 일본식 만담)에서는, 젊었을 때 두부 장수에게 비지를 얻어먹고 공부했다는 이야기가 있지만, 고오당(講談)이 되면, 이 47의사 처형 이야기가 보태져, "아무리 공부를 잘해도 47의사의 처형을 인정한 데서야 어림도 없는 착각이지"라고 두부 장수가 소라이에게 설교하는 장면이 나온다.

소라이가 처형에 찬성한 것은 예악형정(禮樂刑政), 곧 형벌제도나 예악제도 같은 사회제도는 사회질서의 근간을 이루기 때문에, 아무리 정상작량(情狀酌量)의 여지가 있어도, 사사로운 싸움을 용인할 수 없다는 입장을 취했기 때문이었다.

소라이는 이 사회제도의 근간이 주자학처럼 자연의 이치에 따라 세워진 것이 아니고, 어디까지나 중국의 성인이 인위적으로 만든 것이라고 했다. 소라이는 주자학이 형식주의에 빠진 가운데, 고문서학(古文書學)을 제창하고, 해석자의 손으로 때묻지 않은 고대 중국의 성인의 사상을 살아 있는 말로 재현함으로써 예악형정에 대한 해석을 깊이하고 있었다.

이 소라이에게서 마루야마는, 봉건사회 속에서 인간의 의지(주체성)를 인정하는 사상이 생겨나는 과정을 찾아보려고 했다. 곧 서구의 근대사회가 봉건사회로부터 생겨났듯이, 일본의 근대도에도 시대에 그 맹아가 있었음을 주장하고 싶었던 것이다. 서구에서의 데카르트의 자아나 마키아벨리의 강한 의지가 일본 사상에도 내발적으로 있었다는 것을 메시지로서 논문에 써넣었다. 그것은 전시중의 천황제 파시즘의 압정 속에도 일본에 근대화의 내재적인 요인이 있다는 메시지를 의미하고 있다.

그러나 현재로는 마루야마의 논증은 너무 억지라는 것이 증명되고 있다. 이를테면 고야스 노부쿠니(子安宣邦) 씨 등의 일련의 오규우 소라이 연구는 마루야마의 주장이 문헌학적으로 도저히 성립될 수 없다는 것을 보여주고 있다.

일본사회의 후진성 비판

전후에도 마루야마의 일본사회에 대한 자세는 변하지 않았다. 일본은 서구처럼 자아가 확립되지 않았으며, 강한 의지를 가지지 못했기 때문에 무책임한 사회라는 비판을 되풀이했다.

마루야마가 전후에 어떤 정치적 자세를 취했는지를 "어떤 자유주의자에게 보내는 편지"(《현대정치의 사상과 행동》)라는 소론에서 보기로 하자.

"나도 자네와 마찬가지로, 현재 지식인은 좋건 싫건 저마다의 근본적인 사상적 입장을 분명히 할 것을 요구받고 있다고 생각하네.…이미 평화라든가 자유라고 하는, 그 자체 누구도 시비할 수 있는 '말' 밑에, 저마다 '속셈'을 품은 사람들을 결집시켜 겉만의 조리를 맞추는 것이 '공동전선'을 뜻하던 시기는 지났다. 저마다의 사상을 가진 사람들이 자기의 생각을 숨기거나 피하지 않고, 끝까지 견해를 밝힌 다음 비로소 어떤 인간 내지 그룹과 어떤 점에서 일치하고, 어떤 점에서 갈라지는가를 각자에게 분명히 한다."

말하자면, 전후의 제1기처럼 선인·악인으로 사상을 가르는 시기는 지났다. 이제부터는 다름을 분명히 한 다음에 공동전선을 펴자고 마루야마는 말한다. 무엇에 대한 공동전선이냐고 하면, '파시즘 재래'에 대한 공동전선인 것이다.

곧 '저마다의 사상을 가진 사람들이 자기의 생각을 감추거나 피하지 않고', 공산당 계의 사람도, 자칭 자유주의자도, 손을 맞잡고 파시즘의 재래에 대비하지 않으면 안 된다고 한다. 그 후에도 마루야마의 영향을 받은 《세카이》나 《쥬오고론》(中央公論) 같은 잡지가 되풀이하여 파시즘 특집을 냈는데, 결과적으로 파시즘은 다시 왔는가?

마루야마는, '파시즘'은 이제 나치즘과 같은 형태로는 오지 않으며, 미국형의 합리화된 형태 속으로 모든 사람의 자유의지를 흡수해 버리고 마는, 말하자면 '부드러운 파시즘'으로 돌아온다고 했다.

곧 마루야마의 논문은 미국형 파시즘이야말로 새로운 파시즘이라고 주장함으로써, 공산당의 반미운동과 이른바 자유주의자의 행동을 맺어주는 구실을 하게 되었다.

그러나 이와 같은 공동전선의 통용은 1960년 안보투쟁 무렵까지이고, 그 이후는 '새로운 파시즘에 대한 싸움' 따위는 의미가 없다는 것이 분명해진다.

마루야마 서구관의 왜곡

이러한 마루야마의 공동전선론을 떠받치고 있던 것은 그의 서구관에 있다. 학생들에게 잘 읽혔던 《일본의 사상》에서 마루야마는, 유럽문화는 대솔(ササラ)형이며 일본문화는 문어항아리(タコ ツボ)형이라고 했다.

곧 서구의 경우에는 그리스문화가 바탕에 있고, 그 위에 그리스도교 문화가 융합되어 있다. 거기에서 파생하는 형태로 대솔처럼 발전해 온 것이 오늘의 서구문화라는 것이다. 한편, 일본문화는 하나하나 파벌을 형성해 항아리에 틀어박혀 공통의 토양이 없다.

서구문화에는 공통성과 차이성을 갖추고 있다는 유연성도 있으며, 정치적으로도 차이를 유지하면서 공통의 부분에서 공동전선을 형성할 수 있다. 일본문화에는 지금까지 이러한 유연성이 없었지만, 서구형의 문화가 자라난다면, 사상과 정치에서의 공동전선이 가능해질 것이라고 마루야마는 생각했을 것이다.

"우리나라에서의 이러한 조직이나 집단이 항아리처럼 된 것은, 봉건적이라든가 가족주의라는 말로 이야기되지만, 한갓된 가족주의나 봉건적이라는, 말하자면 전근대적인 것이, 순전히 그 자체로서 나타났다기보다, 실은 근대사회에서의 조직적인 기능분화가 동시에 항아리처럼 되어 나타난다고 하는 근대와 전근대의 역설적인 결합으로 파악해야 하지 않을까?"

이것은 거의 고교 수재와 같은 수준의 유럽 인식이라고 해야 할 것이다. 현실의 유럽에서는 어떤 의미에서는 일본 이상으로 분파주의가 횡행하여, 절대적 대립이 해소되지 않고 남아 있다. 마루야마는 이상화된 서구와 결점 투성이의 일본을 비교하고, 일방적으로 일본을 규탄한 것이 된다.

마루야마가 이상화했던 서구 사상도 지금은 다시 보기가 시도되고 있다. 데카르트에 의하여 자아의 절대성이 확립되고, 거기서부터 근대 서구 사상이 발전해 왔다고 하는 도식은 더 이상 성립되지 않는다. 나의 고증에 의하면, 데카르트가 근대의 원류가 된 것은 19세기가 되어서이며, 독일관념론의 자아중심주의가 자기의 입장을 역사적으로 반성하여, 데카르트야말로 근대 유럽철학의 중심이라고 하는 데카르트 해석을 만들어낸 것이다.

물론, 닫힌 시대의 진지한 학구 마루야마 마사오에게, 당신이 거점으로 삼은 근대개념은 독일의 철학사가 만들었다는 것을 아느냐고 묻는 것은 잔혹한 일일 것이다. 마루야마는 자기의 사상을 표명하기 곤란한 시대에, 자기의 견해를 슬그머니 논문에 칠해 넣었다. 그 지적인 재능과 모략의 교묘함이 놀랍다. 그러나 그 전략에서 의거한 근대 서구 자체가, 그가 철학사의 교과서를 숙독함으로써 만들어진 환상이며 또한 니시다 기타로가 극복해 보이겠다고 힘을 준 근대 개념도 교과서 편찬자가 만든 허상인 것이다.

맺음말:
콰인, 가다머 그리고 21세기를 내다보며

보편적 진리의 추구

20세기의 철학은 보편적인 방법론을 만들려고 꽤 헛걸음을 했다. 모든 입장의 철학자가 과학이나 도덕이나 문화의 일반적인 성질을 해명하는 맞쇠와 같은 방정식이 어디엔가 있을 것이라고 생각했기 때문이다.

현상학파는 의식의 안쪽을 탐구하면 모든 존재의 원형을 알 수 있을 것이라고 주장했다. 왜냐하면, "자아에게 생각될 수 있는 모든 것이 자아의 의식생활과 예외 없이 관계를 맺고 있기"(후설) 때문이다.

경험주의자는 어떤 지식도 외부 세계의 사건을 맨 처음에 전하는 감각이나 지각으로 환원하면, 진짜 지식이냐 가짜 지식이냐가 판명된다고 주장했다. 그런데 이 입장의 대표자인 러셀이 환원의 수법이 불가능하다는 것을 승인하고 말았다.

"어떤 지식도 어느 정도는 의심스럽다. 어느 정도까지 의심스러워지면 지식이 될 수 없을 것이다. 그런데 그 말을 할 수가 없다.

마치, 머리털이 어느 정도 빠지면 대머리가 되는지 말할 수 없는
것과 마찬가지로"(《내 철학의 발전》).

언어의 형식에서 모든 지식의 비밀 형식을 찾을 수 있다고 생
각하여 언어분석의 철학을 수립하려고 한 사람들도 있었다. 그러
나 어떤 언명이 참이냐 참이 아니냐는 그 언명이 놓여 있는 여러
가지 문맥에 달려 있다. 그러므로 특정한 문장을 잘라 내어 논의
해도 결정이 안 난다.

콰인(Willard van Orman Quine, 1908~2000)은, "언명을 단위로
하는 것마저 틀을 너무 잘게 잡고 있다. 경험적으로 유의의(有意
義)한 단위는 과학의 전체이다"(콰인·뒤엠P. Duhem 테제)라고
말해, 궁극의 확실성을 나타내는 단위가 언어에 있다는 것을 부정
하고 있다.

이 입장(holism)은 마르크스주의자도 지지할 것이다. "인간은
사회적인 뭇 관계의 앙상블이다"(마르크스). 따라서 지식도 또한
사회적인 관계의 인식에서 탐구하지 않으면 안 된다고 마르크스
주의자는 주장했다. 그러나 그 사회적인 관계를 인식하기 위한,
누구도 불평하지 않는 보편적 진리가 승인되어 있는 것은 아니다.

20세기의 초두, 철학에서는 궁극의 진리에 대하여 의식의 안쪽
을 탐구하는 현상학, 유의미성을 명확하게 한 논리실증주의, 감각
적 경험이 모든 앎의 요소라고 믿는 감각주의적 경험주의, 경험적
실천으로 돌아가는 프래그머티즘, 유물론적 반영론(反映論)이라고
하는 각각의 입장이 부분적으로 겹치는 모양으로 늘어서 있었다.

맞쇠가 없다

20세기도 끝나 가는 무렵, 많은 철학자가 쓸 만한 맞쇠가 아무데도 없다는 것을 확인하게 되었다.

낡은 철학적 테제를 모두 사용불능이라는 딱지를 부쳐서 박물관에 보내려고 했던 논리실증주의의 계획은 파탄했다. 과학의 명제를 모두 환원할 수 있는 궁극의 진리를 획정(劃定)하는 것은 불가능하다는 것이 거의 분명해졌다.

논리실증주의의 붕괴를 가져온 것은 콰인의 "경험주의의 두 개의 도그마"(1951)라는 논문의 영향이다. 콰인은 첫째로, '분석적 진리, 토톨로지, 수학의 정리'와 '경험적 진리, 시험해보지 않으면 모르는 진리'라는 식으로 진리를 둘로 나누고, 그 사이에 단절이 있다고 하는 도그마에는 근거가 없다고 했다.

다음에 유의미한 말은 반드시 직접적인 경험으로 환원될 수 있다는 신념에도 근거가 없다고 했다. 지금까지 형이상학은 무의미, 자연과학은 유의미하다는 신념이나, 논리나 수학은 분석명제이므로 말만의 규약으로 진리가 보증되며, 경험적인 진리(종합판단)는 실제의 견문으로 확인한다는 2분법이 어느 쪽도 성립 안 된다.

또한 언어 게임이라는 장면에 들어가 경험주의의 도그마를 고집하려는 자가 있다면, 그들에게는 '번역불가능성'이라는 테제가 덮칠 것이라고 한다. 이렇게 되면 의미도 진리도 프래그머티즘의 입장에 서서, 실천적으로 확인하는 수밖에 달리 방법이 없게 된다. 여기서 콰인은 미국 철학의 흐름을 프래그머티즘의 방향으로 강하게 끌어가게 된다.

현상학은 순수의식의 기술(記述)로부터 논리적인 것의 본질을 밝혀 보겠다고 약속했지만, 조금씩 관점을 달리 하여 인간적 경험의 이런저런 영역을 순회하게 되었다. 현상학을 모체로 하여 실존주의의 철학이 태어났지만, 거기서는 이미 논리나 수학의 기초를 주려는 동기가 사라졌다. 타자의 현상학이니, 자유의 현상학이니, '엄밀한 학으로서의 철학'과는 무관한 글짓기가 '현상학'이라는 표지를 달고 양산되고 있다.

마르크스주의는 베를린 장벽과 함께 소멸되었지만, 현재의 마르크스 지지자 자신이 마르크스주의의 원리와는 아무 관계도 없는 민주주의적 사회복지론 같은 사상을 말하는 경향을 보이고 있다. 마치 마르크스주의의 실질은 어디론가 사라졌어도, 사회비판의 냄새를 남겨 놓으면, '마르크스주의'라는 표명을 쓸 수 있다고 믿고 있는 것 같다.

그 때까지 20세기의 철학은, 마치 '성냥 펌프'[자기가 불을 질러 놓고(성냥) 불을 끄는 데(펌프) 앞장 섬으로써 명성을 얻는 사람(동네 영웅이 되는)을 가리킨다]가 된 듯했다. 논리실증주의, 현상학, 마르크스주의라고 하는 세 개의 불길이 올랐지만, 모두 붕괴하는 결과가 되었다. 누가 "이 방법이라면, 모든 진리의 기준을 올릴 수 있다"며 새로운 방법의 불길을 올린다. 그러면 다른 철학자가 "그 방법은 쓸모가 없다"며 회의적인 결론을 내 불을 끄고 만다. 어딘가에 잘못을 범한 철학자가 있기 때문에 그것을 정정할 철학자가 필요하게 되는 것이고, 애당초 아무도 틀리지 않는다면 다른 철학자가 나설 까닭이 없는 것이다.

철학자들이 너무 자질구레한 논의만 하고, 게다가 그것으로부터 부정적인 결론밖에 나오지 않는 상황에서야, 철학이 무슨 소용이 있는지 알 수 없게 된다.

논리실증주의 · 현상학 · 경험주의

20세기의 철학자들은 왜 이토록 비생산적인 방법논쟁을 계속했을까? 그 이유의 하나로, 헤겔로 대표되는 19세기의 철학자들이 '절대적인 진리의 체계'라는 것을 만들어낸 데 대하여, 20세기의 철학자들은 '더 확실한 방법'을 개발할 필요에 쫓겼기 때문이었다. 언뜻 보기에 그럴듯하고, 만약 정말이라면 굉장한 것이겠지만, 실제로는 말의 꾸밈[修辭]에 불과한 테제가 무수히 말해지고 있었다. 그와 같은, 언뜻 보아 장대하지만 실은 무의미한 형이상학적인 명제에 대하여, 그것이 논박되지 않는 것은 그것이 옳기 때문이 아니라, 무의미하기 때문이라고 하는 논리실증주의자에 의한 비판이 불가결이었다.

현상학의 입장으로부터도 후설에 의하면, 철학자는 호언장담을 그치고 '잔돈으로 대답할 수' 있어야 한다고 주장했다. 그는 자기의 의식에 나타나는 것만을 신용하도록 하면, 정체불명의 '절대지'라고 하는 관념의 유령을 추방할 수 있다고 생각했던 것이다.

후설은 의식의 내부 구조를 있는 그대로 기술하면, '잔돈으로 지불할' 수 있다고 믿었지만, 의식에 대한 상상을 섞은 이야기가 아니라 어떤 객관성을 갖는 기술이 가능하다는 보증은 없다. 이를테면 후설은 다음과 같이 말한다.

"지향적 체험이란 하나의 흐름이고, 이 흐름 가운데서 '그 자신의 내재적인 지속을 가지며, 어떤 때는 빠르게, 어떤 때는 느리게 진행하는 내재적인 시간 통일체'(판단이나 소원)가 구성된다"(《내적 시간의식의 현상학》).

이 문장의 내용을 심리적으로 고쳐 그려보기로 하자.—나는 방

214

안에 있으며, 세잔느풍의 정물화를 그리려 하고 있다. 눈앞의 탁자 위의 과일이나 꽃병에 주의하고 있다(지향적 체험). 이 의식 상태 자체가 하나의 흐름이지만, 그 바탕이 되는 흐름 속에 여러 가지 의식의 덩어리(내재적인 시간 통일체)가 나타났다가는 사라진다. "이 사과에는 검은 얼룩이 져 있다.…꽃병 옆면에 사과의 모양이 어려 있다.…꽃병의 푸른색을 나타내려면 새 그림물감을 구하지 않으면 안 된다…." 이렇게 판단하거나 소원을 품을 때, 마치 개울의 흐름 속에 작은 파문이 퍼졌다가는 사라지고 또 퍼졌다가는 사라지는 것과 같다. 그 하나하나의 파문은 그 나름의 통일과 지속을 가지며, "누가 문을 두드리고 있다"와 같이 순간적인 파문일 때도 있는가 하면, "어제부터 계속 위의 상태가 좋지 않다"처럼 서서히 진행되는 파문일 때도 있다.

전체로서 큰 흐름 속의 작은 흐름이라는 그림이 그려졌으리라고 생각한다. 그러나 이 그림에는 무수히 많은 의문을 제기할 수가 있다. 이를테면, '검은 얼룩'이라고 생각했을 때, 전체의 흐름은 일순 정지되고, '검은 얼룩'만이 의식에 현전(現前)한다고 생각해도 좋을 것이다. 그러면, 이런 장면의 광경은 '검은 얼룩'의 화면→암흑→'화병에 어리는 사과'의 화면→암흑→'그림물감이 필요하다'의 화면→암흑이라는 명암의 교체라고 말하는 것이 적절할지도 모르겠다.

제3의 화면을 그릴 수도 있지만, 어떤 것이 옳은지를 결정할 수단이 없다. 의식을 '있는 그대로 기술한다'고 한 후설의 생각은 어쩌면 하나의 상상된 이야기일지도 모른다.

'흐름'이라는 말을 쓰니까 '흐름'이라는 이미지가 만들어지는지, 아니면 의식은 그 존재 자체가 흐름이니까 '흐름'이라고 표현되는 것인지? 이 문제를 결정할 수가 없다. 그러므로 현상학적 방법은 믿을 수가 없다.

현상학자는 타인의 입장을 비판할 때는 그럴 듯 하지만, 실제로 현상학자가 쓴 것을 읽으면, 말로 만들어진 이미지를 그들이 '근원적 현상'이라고 생각하고 있다고밖에는 여겨지지 않는다.

경험주의자들도 철학자들이 사용하는 '검증할 수 없는 말'을 의미 없는 조작물이라고 하여 추방하기 위한 일반적인 방법을 개발하려고 했다. 이 방법을 현상학자의 말에 적용하면, 모두 무의미라는 판정 결과가 나올 것이다. 영미의 분석철학은 의식의 내적 상태의 기술에 들어가지 않고 철학을 조립하려 고 한다.

미(未) 체험 지대로의 돌입

철학의 언어를 확실한 궤도에 올리겠다고 하는 건전한 의도로 시작된 방법의 추구가 결국은 아무 일도 못하고 연장의 손질에만 골몰한 결과가 되었다.

후설은 언젠가, 나이프를 갈면서 너무 갈아서 날이 닳는 것을 몰랐다는 어렸을 때의 추억을 이야기면서 슬픈 얼굴을 했다고 한다. 이 에피소드는 20세기의 철학 전체에 들어맞는다.

이러한 방법론을 둘러싼 논쟁은, 옆에서 보아 아무리 불모라도, 당사자들에게는 할 만한 일이라고 생각되었다. 왜냐하면 거기에는 사상적인 냉전구조가 있었기 때문이다.

마르크스주의자 측에서는, "인간은 사회적인 뭇 관계의 앙상블이다" 같은 주장을 내세우면 다른 사상보다 우위에 선다고 믿고 있었다. 그러므로 "존재가 사유를 결정한다"라든가 "운동의 기본

형식은 대립물의 투쟁이다"라고 하는 자기들의 기본원칙을 계속 제창했다.

이에 반대하는 측에서도, 마르크스주의를 붕괴시키는 '개미구멍'을 발견하려고 기를 쓰고 있었다. 마르크스주의의 핵심은 '자본주의로부터 사회주의로의 필연적인 발전'이라는 역사상(像)에 있다. 이 '갓난애'를 사산시키기 위해, 인간의 사회성이나 역사성이라고 하는 '대야의 물'까지 내다버리는 전략이 취해졌다. "사회주의의 도래는 필연적이다"라고 주장하는 마르크스주의자를 향해 "역사의 객관적인 인식은 불가능하다"고 대답하는 전술이 채용되었다. 곧 제대로 논의하지 않고 상대방을 문 앞에서 쫓아 버린 셈이다.

1950년대의 실증주의가 한참일 때에는 현상학, 멘탈리즘(mentalism), 전체론(holism)은 안 된다는 게 주류를 차지하고 있었다. 형이상학은 경험적으로 의미부여가 안되는 개념을 쓰기 때문에 안 된다. 정신의 존재에 대해 말하는 것은 정신이라고 하는 '기계 속의 유령' 이야기를 하기 때문에 모두 거짓말이다. 전체로부터만 부분이 보인다고 하는 홀리즘의 주장은 "전체가 보인다"는 인식의 한계를 넘어선 주장을 포함하고 있기 때문에 안 된다.

그런데 20세기도 후반이 되고 1970년대를 지나자 이런 방법론의 틀을 벗어나는 문제가 속속 등장하게 된다. 대뇌생리학, 컴퓨터, 동물행동학, 뇌사, 유전자 조작, 태아진단, 지구 온난화라고 하는 과학기술에 관한 새 문제가 인간에게 내밀어지고, 철학은 미체험 지대에 직면했다.

뇌사라고 하는 어려운 문제

1967년 12월, 남아프리카 공화국의 버나드(C. Bernard) 박사가 54세의 남성에게 45세의 여성의 심장을 이식하는 데 성공했다. 환자는 18일 후에 사망했는데, 이후 인류는 장기이식 수술에 관련된 여러 가지 문제로 고뇌하게 된다.

심장을 이식하기 위해서는 세 가지 난관을 넘어야 한다. 우선 환자의 심장을 추출하고 있는 동안에 심장을 대신하는 것이 있어야 한다. 다음에 죽은 사람으로부터 살아 있는 상태와 거의 같은 신선한 심장을 추출해야 한다. 마지막으로 다른 사람의 장기를 받아들이지 않으려고 하는 거절반응을 막지 않으면 안 된다.

심장을 교환하고 있는 동안에 사용되는 인공의 '심장+폐장' 장치의 개량형이 개발된 것은 1955년이었다. 혈액을 움직이는 펌프와 혈액에 산소를 섞는 혼합관을 조립한 것이다.

심장 제공자에게는 인공호흡기를 달아 심장 등을 살아 있는 상태로 유지한다. 이 장치는 한국전쟁(1950~1953) 때, 중상을 입은 병사를 살려 두고 치료하기 위하여 개발되었다.

심장 제공자는 심장은 뛰고 있지만 뇌가 죽어 있으므로 '이미 죽은 사람'으로 취급된다. 이 '뇌사상태'는 인류가 죽음을 경험한 이래 결코 없었던 것이다.

실은 버나드 박사가 심장이식에 성공한 이래, 1970년대가 되면 미국의 이식 사례가 눈에 띄게 줄었다. 이식을 받은 쪽의 거절반응에 의하여 환자가 죽는다는 것이 밝혀졌기 때문이다.

거절반응을 막는 약품은 1976년에 동물실험에 사용되기 시작했고, 1980년경부터는 인간의 심장이식에도 사용되기에 이르렀다.

그러나 이 거절반응은 생물이 살아가기 위한 기본구조로서, 거절반응을 막는 약을 계속 사용하는 사람은 인공적인 에이즈 환자와 같은 상태가 된다. 곧 면역 시스템이 약해져, 감기만 들어도 폐렴을 일으킬 가능성이 높아지게 된다.

생명윤리학의 성립과 전통의 회복

문제의 중심은 뇌사상태의 사람에게서 심장을 추출하는 것이 그 사람을 '죽이는 것'이 되느냐 아니냐 하는 데 있다. 뇌사상태라는 말이 있기 전에는, 뇌와 심장이 거의 동시에 멎는다는 것이, 인류가 죽는 모습이었다. 그 경우에는 뇌는 죽었지만 심장은 살아 있는 사람에게서, 심장을 추출해도 좋으냐고 하는 문제는 생기지 않았다.

비슷한 문제는 중증의 장애를 가지고 태어나는 신생아의 경우에도 일어난다. 이를테면, 그 아이가 500그램의 체중으로 대뇌가 거의 없는 상태라고 하자. 그 신생아를 살려 둘 기술이 없을 때는, 그 아이를 살릴 것인가 말 것인가 하는 문제는 없다.

정의의 대원칙은 '같은 경우에는 같은 취급을 한다'고 하는 것이다. 그러나 심장은 움직이는데 뇌가 죽은 상태로 계속 머물러 있는 상태는 인류 역사상 그 전례가 없다. 그러므로 '심장이 뛰기 때문에 살았다', '뇌가 죽었으므로 죽었다'는 판단기준을 적용해도, 뇌사상태가 발생하기 이전의 예와 '같은 취급'을 할 수가 없다. 그렇다면 우리는 완전히 새로운 판단기준을 만들어야 하는가? 만약 완전히 새로운 기준으로 죽음이 평가된다면, 뇌사 이전과 뇌사 이후의 공평한 취급은 보증될 수 없다.

뇌사라는 상태를 전혀 모르는 시대의 죽음의 정의에 의해서만, 뇌사로의 이행 상태가 어느 지점에서 죽음인가를 판정할 수밖에 없다. 곧, 뇌사라고 하는 전례가 없는 사례에 대해서도 전통 속에서 척도를 발견할 것이 요구된다.

전통을 발견하거나 회복하는 방법으로는, 가다머(Hans Georg Gadamer, 1900~2002)의 해석학이 참조되어야 할 것이다. 현상학이 선입견에 오염되지 않은 순수의식에 진리의 근거를 구하는 데 대해, 해석학은 선입견(전통의 소재)을 근거로 한다.

"개인의 여러 가지 선입견은 그의 뭇 판단보다 훨씬 그의 존재의 역사적인 현실성인 것이다"(《진리와 방법》).

이 선입견이 있으니까 해석이 가능해진다. 이를테면 전혀 모르는 외국어를 이해하려고 할 때, 이미 가지고 있는 그 어떤 이해가 없다면 절대로 해석할 수 없다. 선행 이해(선입견) 없이 이해는 불가능하다. 이것을 해석학적 순환이라고 한다.

"우리는 언제나 어떤 각인(刻印)을 지니고 있으며, 아무 것도 써 있지 않은 백지인 인간은 없다. 우리는 유전자에 의해서 뿐 아니라, 사회화에 의해서도 결정되어 있다. 사회화에 의해 우리는 전통과 관계하는 가능성을 획득한다"(칼스텐 두트 편 《가다머와의 대화》).

해석학은 서구 그리스도교의 문화 속에서는 프로테스탄트 문화에서 개발되어 왔다. 그것은 성서를 해석함으로써 하느님과의 전달을 가능하게 하는 방법론의 측면을 가지고 있었기 때문이다. 해석학은 성서나 고전이라고 하는 언어 문화의 존재를 전제로 하고 있다. 문자의 해석을 통해 전통 자체와 만나는 가능성이 물어진다.

"이해 자체는 주관성의 행위라기보다, 과거와 현재가 끊임없이 매개(媒介)되는 전통 발생 속으로 들어가는 것이라고 생각되어야 한다"(《진리와 방법》).

그리스의 고전이나 그리스도교의 성서의 전통이 문화 전체로서 전해진다고 하는 조건이 있다면, 이 해석에 의한 전통의 발생, 반복, 회복도 가능할 것이다. 그러나 이 방법이 이문화의 이해에까지 통용된다고 여겨지지는 않는다. 또 전통이 실제로는 중단되어 있을 가능성도 있을 것이다.

해석학은 문자문화 속에서의 사색이다. 문자 해석에 의하여 전통을 불러내는 데 성공한다 하더라도, 전통 속에 있는 가치는 본질적으로는 이미 현대라는 시대와 단절되어 있을지도 모른다.

확실히 낡은 기준을 그대로 사용할 수는 없다. 그러나 낡은 기준 속에 포함된 중요한 요소는 살리지 않으면 안 된다. 판단 기준의 또 판단 기준이 필요하다. 가장 근원적인 기준은 자연 자체에 있을지? 미국에서는 의료문제의 해결을 위해 생명윤리학이라는 학문이 개발되었지만, 그 기본선은 19세기에 밀이 만든 자유주의의 윤리학이다. 거기서의 궁극의 가치는 선호(選好)라고 하는 자연적이지 않은 것에 있다.

밀의 자유주의가 환경문제에 적용될 수 없다는 사실은, 스스로도 잘 알고 있었다. 그는 공기나 물이 경제적인 의미에서 재(財)가 될 때에는 그의 경제학은 통용되지 않을 것이라고 예상했다. 자유주의 경제 자체에 한계가 생기기 때문이다.

기술의 변질

프란시스 베이컨은 "기술과 학문에 의하여 자연을 지배하는 것은 영원히 인류 전체에게 유익이 되는 고귀한 야심이다"라고 말했다. 그러면서도 "자연은 복종하는 것말고는 정복되지 않는다"고도 말했다. 곧 인간이 아무리 자연을 지배한 것처럼 생각해도, 그것은 인간이 자연법칙에 복종한다는 제약 아래서이며, 인간이 대국적으로 보아 '자연의 종'이라는 것은 변함이 없다. 그러므로 베이컨적인 전제에 의하면, 아무리 기술을 구사해도 그것은 인간이 자연의 지배를 받는다는 운명까지 바꿀 수 없다. 이 생각에는 기술이 무엇인가를 낳는다고 해도 자연의 균형 자체는 파괴할 수 없다는 낙관주의가 숨어 있었다.

자연이 갖는 근원적인 균형에 인간이 거스르는 일을 하면, 자연은 그 균형을 돌이키기 위해 인간에게 복수한다. 화석연료를 태워서 대량의 탄산가스를 대기권에 계속 방출한다면, 지구는 온난화(溫暖化)라는 형태로 인간에게 복수를 해온다. 그러므로 연료소비는 자연의 균형의 한도 내로 제안해야 한다.

원자를 파괴하여 에네르기를 얻는다. 유전자를 조작하여 새로운 생명체를 만든다. 거절반응을 막고 장기이식을 한다. 화석연료를 태워 지구의 열 균형을 깨뜨린다. 여기에는 현대기술의 기본적인 특징이 있다. 현대기술은 어떤 면에서 베이컨적인 전제에 따르고 있지 않다.

자연에 내장된 균형의 회복 시스템을 파괴하는 것이 가능해졌기 때문이다. 자연 자체에 내장되어 있는 자기동일성을 지니는 시스템, 곧 원자핵의 안정, 유전자의 보존, 이종(異種) 개체 간의 거절, 열 균형의 유지 자체를 조작적으로 파괴함으로써 기술상의 성과를 올리는 것이다.

더욱이 현재의 기술은 자연법칙을 이용하여, 자연에 내재하는 균형의 유지기구를 파괴하고 있다. 파괴하는 것도 자연이고, 파괴 당하는 것도 자연이다. 조작적으로 요소를 바꿔 넣는 기술에 의하여, 역사적으로 형성되어온 자연계의 균형을 파괴한다. 요소적 자연이 역사적 자연을 파괴하고 있다.

19세기까지의 자연과 역사에 관한 사상은 자연에는 역사가 없으며, 영원히 동일한 법칙을 반복하고 있으며, 인간정신에는 역사가 있으며, 역사는 발전과 진보를 한다는 것이었다. 그것은 "해마다 꽃은 닮아도, 해마다 사람은 같지 않다"(年年歲歲花相似, 歲歲年年人不同)는 동양인의 감각과 공통된다. 그 '인부동'이라는 동향 (動向)에, 인간이 낳는 것이면서 불가항력의 힘을 갖는 역사의 진보를 읽었던 것이다.

현대 자연관의 큰 특징은 자연 자체에 역사성을 발견한 것이다. 빅뱅에 의하여 우주가 발생하고, 지구가 태어난다. 40억 년의 역사 속에서 생명이 탄생했다. 우리가 그 파괴를 두려워하고 있는 생명과 인간성이라고 하는 자연은 이 자연의 역사성의 소산이다.

인간의 문화는 지금, 그 자연의 역사에 대한 책임을 요구받고 있다. 인간 문화의 역사는 조작이 안 되는 필연은 아니다. 지구의 온난화는 저지하지 않으면 안 된다. 생물은 그의 다양성이 감소되는 것으로부터 지켜야 한다. 다시 말하면, 역사는 불가피한 동향이어서는 안 되며, 인간문화의 역사는 윤리성을 갖지 않으면 안 된다고 하는 것이다.

두 개의 문화를 잇는 사명

헤겔의 경우에는, 동양적 전제군주정체, 그리스·로마적 공화정체, 게르만적 입헌군주정체와 같은 정체(政體)의 역사적 변화가 자유의 이념의 발전으로 파악되고 있었다.

마르크스에게도 역사의 이미지는 비슷한 것이었지만, 정체라고 하는 상부구조의 변화가 생산관계라고 하는 물질적 토대로부터 설명되었다. 생산활동의 규모가 점점 커지는 사회주의 시대로 향하는 불가항력적인 흐름이 있다고 간주되고 있다.

1970년대부터 '성장의 한계'란 말이 사람들 입에 자주 오르내리게 되었다. 화석연료의 매장량은 유한하므로, 성장이 빠르면 빠를수록 현대 공업문명의 수명은 짧아진다. 역사는 진보가 아니라 '휘발유 제로(0)'가 다 되어간다. 이것을 극복하려고 하는 데 현대의 역사의식이 있다고 해도 좋다.

페르낭 브로델이나 레비-스트로스가 말하듯이, 역사에는 여러 시간 척도가 있다. 지질학적인 역사는 100만 년이라는 단위를 갖지만, 인간은 댐을 만들어 몇 년 만에 그 역사를 바꿔 쓴다.

종교나 문화의 역사에는 1000년 단위의 것도 있지만, 그것조차도 변동을 면할 수 없다. 산업이나 경제의 역사는 10년 단위로 변동을 많이 한다. 정치의 역사가 되면 더 짧고, 최근 일본은 이보다도 훨씬 빠르게 변해가고 있다.

과학기술은 불과 수백년의 역사밖에 안 가졌지만, 수백만 년이라는 지질학적인 역사를 위협한다. 21세기의 철학은 19세기에 거의 완성된 자연과 역사에 대한 구도를 근본적으로 다시 짜는 과제를 짊어질 것이다.

현대의 문화가 낳은 문제 가운데는, 이와 같은 역사의 척도에 걸치는 문제가 있다. 이를테면, 원자력발전소가 배출하는 방사성 폐기물은 지하에 매장해 처분하는 방법이 기술적으로 보아 가장 안전한 것으로 되어 있고, 미국과 스웨덴에서도 1000년 동안의 안전을 보장하는 기술목표를 세우고 있다. 뉴턴 역학이 성립된 이래 지금까지 불과 약 300년이 경과했을 뿐이다. 철근 콘크리트의 이론적인 계산방법이 개발된 지는 아직 100년 정도밖에 안 된다. 일본에서 토목학회가 창설된 것이 1914년이다. 우리가 보통 '기술적으로 안전하다'는 것은 고작 100년 정도 기간의 관측 자료를 근거로 하고 있는데 지나지 않는다.

실험적인 처리시설을 만들어 천년 동안 관측해서 안전성을 확인하는 것이 아니라면 '천년 동안의 안전성'에 과학적인 근거가 없다고 할 때, 우리는 안전성에 대해, 통상적인 의미에서 과학적으로 옳다는 기준으로는 판단할 수 없게 된다. 높은 레벨의 방사성 폐기물은 어떻게 처리하는 것이 좋으냐고 하는 판단이 옳은 것이기 위해서는, 자연과학만으로는 충분하지 않다. 자연과학의 옳음에 대한 평가가 없이는, 사회적으로 보아 올바른 의지결정을 할 수 없다.

자연 자체에 역사성과 조작 가능성이라는 두 면이 있다. 인간의 문화도 자연과학을 중심으로 하는 것과 인문·사회과학을 중심으로 하는 것으로 나뉘어, 각각의 영역마다 다른 역사 척도가 있다. 인문·사회과학의 영역의 척도로 생각해도 '천년 동안의 안전성'이라는 개념은 합리적인 판단의 틀을 벗어난다. 이를테면 "천년 후에 신체 사고가 났을 때, 누가 보상하는가"라는 물음에는 답이 안 나온다.

천년 동안의 역사라는 개념이 종래의 책임이 성립되는 척도를 넘어서고 있다. 천년 동안에 발생하는 사건의 예측은 불가능하다. 그러나 지금, 천년 동안이라고 하는 지질학적인 척도로 '안전성의 보증'이라는 책임이 발생하고 있다. 이 책임은, 자연과 문화 전체의 균형을 유지하기 위해 인간에게 주어지는 실천적인 과제이다.

이와 같은 과제를 수행하기 위해서는, 대뇌생리학, 컴퓨터 과학, 동물행동학, 생태학 등이 던져오는 생명과 정보의 근본에 있는 구조를 철학자는 단단히 받아내지 않으면 안 된다. 자연과학과 인문·사회과학 사이에 통역을 할 만큼의 역량이 없으면, 이제부터의 철학자는 구실을 못한다.

이 두 문화 사이의 도랑이 점점 더 깊어간다는 것은, 인간 자체에게 유효한 의지결정의 가능성이 사라져 간다고 하는 것이다. 자연과학의 말과 인문·사회과학의 말이 번역 불가능해지는 곳에 뇌사문제나 환경문제의 어려움이 있다. 다른 분야 사이에 다리를 놓는 '알기 쉬움을 만들어내는' 것이 철학의 사명이다.

새 철학의 과제

20세기의 서구철학을 개관하면, 세 가지 흐름으로 요약된다. 첫째, 논리실증주의로부터 프래그머티즘으로의 흐름이다. 둘째 현상학에서 해석학으로라는 흐름이다. 셋째는 마르크스주의로부터 커뮤니케이션 이론으로의 흐름이다. 그러나 이들 흐름에서 새로운 것이 낡은 것을 완전히 극복했다는 뜻은 아니다. 도리어 새로운 철학은 언제나 낡은 철학의 결점을 극복하고, 더 뛰어난 관점에 서있다고 하는 진보의 환상이, 철학의 경우에도 붕괴되어 있다는 전제 아래 서서, 이 입장을 받아내야 할 것이다.

20세기는 서구 사상이 우리의 도달목표와 같은 구실을 해왔기 때문에, 그에 대한 반대 흐름인 '근대의 극복'이라는 사상까지도 본질적으로는 서구 근대의 자화상(自畵像)인 철학사에 의거하고 있었다.

새로운 철학에 요구되는 것은, 동서의 문화에 걸친다고 하는 것이리라. 고대로부터 현대까지 철학이 진보하고 발달해 왔으므로, 최신 철학을 알아두면 낡은 철학은 필요가 없다는 생각은 근본적으로 잘못된 것이다. 낡은 것을 넘어가 보이겠다, 낡은 철학을 필요 없는 것이 되게 해 보이겠다는 사전 선전이 모두 실패했음을 보여준다.

동서고금의 철학, 그리고 자연과학으로부터 인문과학까지의 모든 영역에 상호이해의 가능성을 만들어내는 것—이렇게 말하면, 그림의 떡, 없는 것 조르기의 전형이라고 여겨질지도 모른다. 그러나 그와 같은 철학 없이는 인류는 공동의 의지결정·합의를 이루는 능력을 가질 수 없을 것이다. 합의가 불가능하다면, 20세기의 전반을 석권한 것 같은 전쟁의 비극에 이 지구를 내 맡기게 될지도 모른다. 지구 규모로 통하는 이성이 요구되고 있다.

옮기고 나서

이 책은 일본의 응용윤리학자 가토 히사다케 교수의 《20세기의 사상—마르크스에서 데리다로》(HPH研究所, 1997)을 우리말로 옮기고 표제를 《20인의 현대철학자》로 고쳐 단 것이다.

저자 가토 교수는 이미 우리말로 번역 소개된 그의 저서 《세기말 사상》(현암사, 1992), 《환경윤리란 무엇인가》(중문사, 1997), 《현대 윤리에 관한 15가지 물음》(서광사, 1998) 등을 통해 우리에게도 잘 알려져 있는, 현재 일본의 응용윤리학계를 대표하는 학자 중의 한 사람이다.

이 책에서 저자는 절대적인 진리를 추구한 19세기의 철학에 대하여 20세기의 철학은 무엇을 했는지, 그리고 생명윤리, 지구환경 등 종래의 방법으로서는 해결할 수 없는 여러 문제에 직면하여, 앞으로 철학은 새 '윤리'를 찾아낼 수 있는지를 묻고 있다. 이것은 참으로 거창한 물음이다. 그러나 저자는 어깨의 힘을 빼고 편안한 자세로 그의 해박한 지식을 쉬운 말로 담아서 독자에게 내민다. 저자는 19세기의 사상가이지만 20세기 사상의 길을 열고 줄곧 영향을 끼쳐온 밀, 마르크스, 니체를 시작으로 논리실증주의에서 프래그머티즘으로, 현상학에서 해석학으로, 마르크스주의에서 의사소통행위이론으로 흘러간 세 가지의 큰 흐름에서 20세기를 대표하는 철학자 20인을 택해 "지금까지 철학 책을 한 번도 읽어 본 일이 없는 독자도 능히 읽어낼 수 있도록" 조감도를 그렸다.

옮긴이들은 저자의 이 말에 공감하고 전문 철학도가 아닌, 21세기를 살아갈 우리의 젊은이와 이웃을 위해 이 책을 소개하기로 했다. 그러나 가다가 쉬운 말 속에 박혀 있는 딱딱한 논의나 철학 사상에 고유한 용어(개념)에 부딪힐 수도 있을 것이고, 반대로 너무 간략하게 간추린 탓에 충분한 이해에 미치지 못한 아쉬움이 있을 것이다. 그럴 때면 독자 여러분께서는 감연히 그 어려움이나 아쉬움을 뛰어넘어 본격적인 철학 사상에 도전할 것을 권한다.

번역은 먼저 표재명이 우리말로 옮긴 것을 황종환이 다듬고 책 말미에 찾아보기를 다는 것으로 이루어졌다. 출판계의 어려운 사정을 무릅쓰고 출판을 맡아주신 서광사의 김신혁 사장님을 비롯한 편집부 여러분과 《현대 윤리에 관한 15가지 물음》에 이어 이번에도 우리말 출판을 쾌히 승락한 저자 가토 교수에게 마음으로부터 감사를 드린다.

2003년 5월 20일
옮긴이들

■참고문헌

머리말

철학일반

네이글, 《철학이란 어떤 것》, 岡本, 若松 옮김, 昭和堂, 1993.

─────, 《박쥐란 어떤 것인가》, 永井均 옮김, 勁草書房, 1989.

岩田, 坂口, 柏原, 他, 《서양사상이 걸어온 길》, 有斐閣, 1993.

藤原保信, 飯島昇 편, 《서양정치사상사 I》, 新評論, 1995.

山本, 他, 《철학 원전자료집》, 東京大學出版會, 1983.

加藤尙武, 《죠크 철학사》, 河出書房新社, 1983.

현대철학

丸山高司 편, 《현대철학을 배우는 사람을 위하여》, 世界思想社, 1992.

門協俊介, "철학교과서 시리즈", 《현대철학》, 産業圖書, 1996.

里見, 谷口 편, 《현대철학의 조류》, 미네르바書房, 1996.

워녹, 《현대 영국철학》, 坂本, 宮下 옮김, 勁草書房, 1983.

솔만, 《20세기를 움직인 사상가들》, 秋山康男 옮김, 新潮社, 1990.

패스모어, 《철학의 작은 학교》, 大島, 高橋 옮김, 靑土社, 1990.

돔낙, 《세기말을 넘는 사상》, 桑田禮彰 옮김, 新評論, 1984.

매기, 《철학의 현재》, 磯野友彥 옮김, 河出書房新社, 1983.

─────, 《현대철학의 쟁점들은 무엇인가》, 이명현 외 옮김, 심설당, 1989.

제1장

J. 벤담,《도덕 및 입법의 제원리 서설 》, 山下重一 옮김(《세계의 명저 49
─벤담/J. S. 밀》), 中央公論社, 1967 수록).

J. S. 밀,《공리주의론》, 水田珠惠, 永井義雄 옮김(《세계의 대 사상 28 ─
밀》, 河出書房新社, 1973 수록); 이을상 외 옮김, 이문출판사, 2002.

──,《대의 정치론》(《세계의 명저 49 ─벤담/J. S. 밀》, 中央公論社;《세
계의 대 사상 28 ─밀》, 河出書房新社).

──,《자유론》, 早速忠 옮김(《세계의 명저 49 ─벤담/J. S. 밀》, 中央公論
社; 岩波文庫); 차하순 옮김, 탐구당, 1989; 김형철 옮김, 서광사, 1992.

廣松 涉,《이제야 마르크스를 다시 읽는다》, 講談社現代新書, 1990.

마르크스,《경제학비판》, 杉本俊朗 옮김, 國民文庫, 1996;《정치경제학비판
요강》I-III, 김호균 옮김, 백의, 2000.

──,《공산당선언》, 大內兵衛 옮김, 岩波文庫, 1971; 이진우 옮김, 책세
상, 2002.

제2장

니체 전집, ちくま學藝文庫: I-XXII, 청하, 1982~2000; 1~22, 책세상,
200~2001.

프로이트,《프로이트 저작집 1~11권》, 人文書院, 1968~1984;《프로이트
전집》I-XX, 열린책들, 1996~2002.

제3장

E. 후설,《내적 시간의식의 현상학》, 立松弘孝 옮김, みすず書房, 1987.

──,《시간의식》, 이종훈 옮김, 한길사, 1996.

──,《유럽학문의 위기와 초월론적 현상학》, 細谷 외 옮김, 中央文庫,

1974.

———,《유럽학문의 위기와 선험적 현상학》, 이종훈 옮김, 한길사, 1997.

新田義弘,《현상학이란 무엇인가》, 講談社學術文庫, 1992.

水野和久,《현상학의 射程―후설과 메를로-뽕띠》, 勁草書房, 1992.

하이데거,《휴머니즘에 대하여》, 渡邊二朗 옮김, ちくま學藝文庫, 1997.

———,《휴머니즘에 관하여》, 황문수 옮김, 휘문출판사, 1982.

木田 元,《하이데거의 사상》, 岩波新書, 1992.

大橋良介 편,《하이데거를 배우는 사람을 위하여》, 世界思想社, 1994.

J. P. 사르트르《존재와 무》, 松浪信三朗 옮김, 人文書院, 1967 ; 양원달 옮김, 을유문화사, 1994.

———,《실존주의란 무엇인가》, 伊吹, 海老坂 외 옮김, 人文書院, 1996.

———,《실존주의는 휴머니즘이다》, 방곤 옮김, 문예출판사, 1981.

E. 레비나스,《전체성과 무한》, 合田正人 옮김, 國文社, 1989.

———,《실존에서 실존자로》, 西谷修 옮김, 講談社學術文庫, 1996.

———,《존재에서 존재자로》, 서동욱 옮김, 민음사, 2003.

마르카,《레비나스를 읽는다》, 內田修 옮김, 國文社, 1996.

第4장

J. 데리다,《그라마톨로지에 대하여 상·하―근원 저편에》, 足立和浩 옮김, 現代思潮社, 1984 ;《그라마톨로지》, 김성도 옮김, 민음사, 1996.

C. 레비-스트로스,《구조인류학》, 荒川, 生松 외 옮김, みすず書房, 1972.

———,《야생의 사고》, 大橋保夫 옮김, みすず書房 ; 안정남 옮김, 한길사, 1996.

———,《슬픈 열대》, 川田順造 옮김, 中央公論社, 1977 ; 박옥출 옮김, 한길사, 1998.

232

-——

──,《현대세계와 인류학 제3의 플랜과 위마니슴을 찾아서》, サイマル
出版會, 1988.

C. 바케스-클레망,《레비-스트로스》, 川田, 渡邊, 伊藤 외 옮김, 大修館書
店, 1974.

M. 푸코,《광기의 역사》, 田村叔 옮김, 新潮社, 1975; 김부용 옮김, 인간사
랑, 1991.

──,《말과 사물—인문과학의 고고학》, 渡邊, 佐佐木 옮김, 新潮社,
1974.

──,《지식의 고고학》, 이정우 옮김, 민음사, 1992.

渡邊守章,《철학의 무대》, 朝日出版社, 1978.

제5장

러셀,《서양철학사》, 市井三郎 옮김, みすず書房, 1970; 상·하, 최민홍 옮
김, 집문당, 1989.

──,《서양의 지혜》, 김진욱 옮김, 대광서림, 1998.

──,《신판 철학 입문》, 中村秀吉 옮김, 現代敎養文庫, 1996.

──,《철학의 문제들》, 박영태 옮김, 서광사, 1989.

──,《철학이란 무엇인가》, 황문수 옮김, 문예출판사, 1977.

비트겐슈타인,《논리철학논고》, 坂井, 藤本 옮김, 法政大學出版局, 1968;
이영철 옮김, 천지, 1991.

──,《철학적 탐구》, 이영철 옮김, 서광사, 1994.

飯田 隆,《비트겐슈타인 독본》, 法政大學出版局, 1995.

T. 쿤,《과학혁명의 구조》, 中山 茂 옮김, みすず書房, 1971; 김명자 옮김,
까치, 2002.

內井忽七,《과학철학 입문》, 世界思想社, 1995.

제6장

롤즈, 《정의론》, 矢島鈞次, 籃譯, 紀伊國屋書店, 1979(川本隆史가 개역 중)

———, 《사회정의론》, 황경식 옮김, 서광사, 1991.

川本隆史, 《현대사상의 모험가들 23 ─ 롤즈》, 講談社, 1997.

J. 하머마스 《도덕의식과 커뮤니케이션 행위》, 三島, 中野, 木前 옮김, 岩波
書店, 1991.

———, 《도덕의식과 소통적 행위》, 황태연 옮김, 나남, 1997.

———, 《커뮤니케이션적 행위의 이론》, 藤澤, 岩倉, 德永, 平野, 山口 옮김,
未來社, 1996.

———, 《커뮤니케이션 행위이론》, 이강수 옮김, 나남, 1994.

———, 《이데올로기로서의 기술과 과학》, 長谷川宏 옮김, 紀伊國屋書店,
1975.

河上倫逸, M. 후프리히트 편, 《법제화와 커뮤니케이션적 행위》, 未來社,
1987.

德永恂 편, 《프랑크푸르트학과 재고》, 弘文堂, 1989.

제7장

西田幾多朗, 《선의 연구》, 岩波文庫, 1979; 서석연 옮김, 범우사, 2001.

井上圓了, 《하루 저녁의 철학 이야기》, 明治文學全集 제80권 築摩書房,
1974.

井上哲次朗, 《나의 세계관의 한 티끌》, 明治文學全集 제80권 築摩書房,
1974.

丸山眞男, 《현대정치의 사상과 행동》, 未來社, 1964, 김석근 옮김, 한길사,
1997.

———, 《일본정치사상사 연구[신장판]》, 東京大學出版會, 1983, 김석근 옮

김, 통나무, 1995.

──,《일본의 사상》, 岩波新書, 1961 : 김석근 옮김, 한길사, 1997.

大峯頭 편,《西田哲學을 배우는 사람을 위하여》, 世界思想社, 1996.

맺음말

W.V.O. 콰인,《논리적 관점에서》, 飯田隆 옮김, 勁草書房, 1992 : 허라금
옮김, 서광사, 1993.

──,《말과 대상》, 大出, 宮館 옮김, 勁草書房, 1984.

丹治信春,《언어와 인식의 다이너니즘─비트켄슈타인으로부터 콰인에로》,
勁草書房, 1996.

富田恭彦,《콰인과 현대 미국철학》, 世界思想社, 1994.

H. G. 가다머,《진리와 방법》, 轉田, 麻生 외 옮김, 法政大學出版局, 1986 :
이길우 외 옮김 문학동네, 2000.

──,《철학·예술·언어》, 齊藤, 近藤 외 옮김, 未來社, 1977.

──,《이론을 기리며》, 本間, 顔田 옮김, 法政大學出版局, 1993.

──,《과학시대의 이성》, 本間, 座小田 옮김, 法政大學出版局, 1988.

칼스텐 두트 편,《가다머와의 대화》, 卷田悅郎 옮김, 未來社, 1995.

빌스 편《해석학이란 무엇인가》, 竹田, 三國 외 옮김, 山本書店, 1987.

뫼글러 편,《해석학의 근본문제》, 瀨島, 章谷 외 옮김, 晃洋書房 1977.

찾아보기